Severino Paiva

Guia de Implantação de

Pensamento Computacional

para o Ensino Básico

EDITORA CIÊNCIA MODERNA

Guia de Implantação de Pensamento Computacional no Ensino Básico
Copyright© Editora Ciência Moderna Ltda., 2022

Editor: Paulo André P. Marques
Produção Editorial: Dilene Sandes Pessanha
Capa: Daniel Jara de Paula
Diagramação: Daniel Jara de Paula
Copidesque: Equipe Ciência Moderna

FICHA CATALOGRÁFICA

PAIVA, Severino do Ramo de.

Guia de Implantação de Pensamento Computacional no Ensino Básico

Rio de Janeiro: Editora Ciência Moderna Ltda., 2022.

1. Informática
I — Título

ISBN: 978-65-5842-199-3 CDD 001.642

Editora Ciência Moderna Ltda.
R. Alice Figueiredo, 46 – Riachuelo
Rio de Janeiro, RJ – Brasil CEP: 20.950-150
Tel: (21) 2201-6662/ Fax: (21) 2201-6896
E-MAIL: LCM@LCM.COM.BR
WWW.LCM.COM.BR

08/22

PREFÁCIO

A Base Nacional Comum Curricular (BNCC) enfatizou a imperiosidade da formação de uma nova geração que possa protagonizar soluções para os grandes desafios impostos à sociedade brasileira, o que passa pelo domínio das ferramentas tecnológicas que fundamentam as soluções para uma boa gama desses problemas: programação de computadores, algoritmos, análise de dados e inteligência artificial.

Este trabalho vai ao encontro dos anseios da comunidade de educadores do ensino básico, notadamente, do Ensino Fundamental, que têm procurado corresponder às expectativas da sociedade brasileira no sentido de fazer frente ao desafio de formar cidadãos autônomos e contribuir na formação de alunos que possuam o domínio da capacidade de resolver problemas, a habilidade mais desejada pelos empregadores segundo publicação do Google e pesquisa da Revista The Economist[1].

Nesse sentido, apresentamos uma proposta de introdução do Pensamento Computacional de forma sistemática no ensino fundamental, que se estende do 1°. ao 9°. ano, trabalhando crianças que, em média estão na faixa dos 6 aos 14 anos, período mais longo da sua formação dentro do ensino básico.

Esta proposta baseia-se em nosso livro Introdução à Programação e ao Pensamento Computacional, estando estruturada em um planejamento anual de 40 horas-aulas, que pode ser implementado como parte da disciplina de matemática ou como um trabalho extracurricular, pautando-se em planos de aulas que fazem a conexão entre os seus objetivos a serem trabalhados e as competências e ha-

---

[1] https://static.googleusercontent.com/media/edu.google.com/en//pdfs/skills-of-the-future-report.pdf

bilidades a serem adquiridas pelos educandos ao longo do ensino fundamental, em consonância com a BNCC.

Sumário

1

INTRODUÇÃO

O Brasil tem apurado, de forma reiterada, nas avaliações próprias, como por exemplo, SAEB e ENEM, e em avaliações internacionais, como o PISA, resultados que sinalizam a falência do nosso sistema educacional.

Segundo o INEP (2019), o resultado da edição do PISA 2018, a última realizada e divulgada, apontou que o Brasil obteve resultados abaixo das expectativas em leitura, matemática e ciências, em comparação com outros 78 países. O relatório especifica que 68,1% dos nossos alunos de 15 anos de idade obtiveram nível abaixo do básico em matemática. Nas áreas de ciências e leitura, os resultados também são preocupantes, atingindo 55% dos alunos em ciências e 50% em leitura.

Anos após anos, educadores, gestores públicos, parlamentares, dentre tantas outras categorias, têm buscado soluções para conseguir melhorar a educação em nosso país.

Nessa busca de soluções, após vários anos de discussão, o MEC, em dezembro de 2018, homologou o documento denominado Base Nacional Comum Curricular - BNCC (BRASIL,2018), conforme preconizado pela Lei de Diretrizes e Bases da Educação Nacional (LDB, Lei nº 9.394/1996). A BNCC deve nortear os currículos dos sistemas e redes de ensino das Unidades Federativas, como também as propostas pedagógicas de todas as escolas públicas e privadas da Educação Básica no Brasil.

A Base Nacional Comum Curricular (BNCC) é um documento de caráter normativo que define o conjunto orgânico e progressivo de aprendizagens essenciais que todos os alunos devem desenvolver ao longo das etapas e modalidades da Educação Básica. BRASIL (2018).

A melhoria do desempenho dos nossos alunos em Matemática e Ciências pode ser obtida com o domínio de técnicas para a resolução de problemas.

Essa busca no sentido de alcançar proficiência na resolução de problemas fez com que a BNCC enfatizasse a necessidade do uso da tecnologia como ferramenta didática com esse propósito:

> "**Compreender, utilizar e criar tecnologias digitais de informação e comunicação** de forma crítica, significativa, reflexiva e ética nas diversas práticas sociais (incluindo as escolares) para se comunicar, acessar e disseminar informações, produzir conhecimentos, **resolver problemas** e exercer protagonismo e autoria na vida pessoal e coletiva. (BRASIL, 2018)."

A tecnologia aparece explicitamente na competência de número 5 para o Ensino Fundamental, na área de Matemática, segundo a qual o aluno deve ser capaz de utilizar processos e ferramentas matemáticas, **inclusive tecnologias digitais disponíveis**, para modelar e resolver problemas cotidianos, sociais e de outras áreas de conhecimento, validando estratégias e resultados. (BRASIL,2018).

2

Pensamento ou Raciocínio Computacional

Essa linha de valorizar a formação de pessoas com a habilidade para resolver problemas fez surgir nos últimos anos o termo **pensamento ou raciocínio computacional**.

Segundo Jeanette Wing (2006), uma das maiores autoridades mundiais sobre o uso de tecnologia como ferramenta de aprendizagem, o pensamento computacional (PC) é o processo de reconhecer aspectos da computação no mundo que nos rodeia e aplicar ferramentas e técnicas para entender e raciocinar sobre sistemas e processos naturais, sociais e artificiais.

Dito de outra forma, Wing definiu o pensamento computacional como a elaboração de problemas e soluções representados de forma que possam ser executados por elementos processadores de informações, quer sejam humanos, computadores ou uma combinação de ambos.

Em seu trabalho, Wing caracteriza o pensamento computacional com os seguintes elementos:

- Conceitualização (organização dos conceitos) e não programação;
- Habilidade fundamental, não mecânica;
- Uma forma que humanos, não computadores, pensam;
- Um pensamento que combina raciocínio matemático e de engenharia;
- Composto pode ser por ideias, não somente software e hardware;
- Para todas as pessoas, em todos os lugares.

Ainda segundo Wing, o pensamento computacional está estruturado sobre quatro pilares básicos:

1. **Decomposição:** dividir a questão em problemas menores e, portanto, mais fáceis de resolver;
2. **Padrões:** identificar o padrão ou os padrões que geram o problema e/ou levam à sua solução;
3. **Abstração:** ignorar os detalhes irrelevantes de uma solução de modo que ela possa ser válida para diversos problemas, concentrando-se nos aspectos mais importantes;
4. **Algoritmo:** estipular as etapas ou sequência de passos para resolver um dado problema.

De acordo com Bezerra (2014), o Pensamento Computacional é uma habilidade de extrema importância e precisa ser aprendida por todos, da mesma forma que todos devem aprender a ler e escrever.

O Google For Education (2015) define PC como sendo uma abordagem usada para solução de problemas utilizando o que se sabe sobre Computação.

Há consenso entre vários autores de que o Pensamento Computacional pode desenvolver várias habilidades nos alunos que são expostos a atividades dessa natureza, dentre elas:

- Capacidade de reflexão;
- Raciocínio algorítmico e matemático;
- Visão generalista;
- Reconhecimento da importância da análise de dados;
- Habilidade para resolver problemas.

Nesse sentido, a Base Nacional Comum Curricular faz várias referências ao termo "pensamento computacional", especificamente, na parte introdutória do seu Caderno de Matemática:

> "Outro aspecto a ser considerado é que a aprendizagem de Álgebra, como também aquelas relacionadas a outros campos da Matemática (Números, Geometria e Probabilidade e Estatística), podem contribuir para o desenvolvimento do **pensamento computacional** dos alunos, tendo em vista que eles precisam ser capazes de traduzir uma situação dada em outras linguagens, como transformar situações-problema, apresentadas em língua materna, em fórmulas, tabelas e gráficos e vice-versa.
>
> Associado ao **pensamento computacional**, cumpre salientar a importância dos algoritmos e de seus fluxogramas, que podem ser objetos de estudo nas aulas de Matemática. "[...] Outra habilidade relativa à álgebra que mantém estreita relação com o pensamento computacional é a identificação de padrões para se estabelecer generalizações, propriedades e algoritmos." (BRASIL, 2018)

Implantado no cotidiano escolar, o pensamento computacional pode possibilitar que os alunos resolvam problemas, os dividam em partes e criem algoritmos para solucioná-los, estimulando o raciocínio lógico, a criatividade e o entrosamento com novas tecnologias, qualidades extremamente valorizadas em um mundo em constante evolução.

Veja uma explicação adicional do conceito no vídeo do QR Code a seguir:

3
Computação Desplugada

Em um país de contrastes como o Brasil, como podemos lidar com as desigualdades sociais que geram realidades tão díspares entre nossas escolas?

Minha história de vida dá alguns indícios. Na minha infância nos anos 1970, em um bairro pobre e periférico de João Pessoa-PB. Eu e uns amigos tínhamos que usar a criatividade para brincar. Vivíamos em ondas que diziam qual era a brincadeira da vez. Pipa, carro de mão, carrinho de lata, carrinho de rolimã, bodoque, espingarda de cangaceiro, dentre tantos outros brinquedos que tínhamos que aprender a fazer para estarmos dentro da onda da vez. Éramos *makers* e nem sabíamos, o termo sequer existia. Alguém fazia o primeiro brinquedo da nova moda e os demais procuravam aprender para fazer os seus e assim poder brincar com a turma.

A vontade de fazer, a criatividade e o lúdico têm um poder muito maior do que podemos imaginar. Nessa linha de romper barreiras, uma resposta interessante tem sido dada através do ensino dos conceitos e técnicas da Ciência da Computação sem necessariamente usarmos o computador ou a internet. É a filosofia da **computação desplugada**.

Um dos objetivos da Computação Desplugada é eliminar as barreiras técnicas (WEISSHAHN et al., 2016). Vieira (2013) complementa afirmando que "o princípio básico da estratégia desplugada é não usar computadores ao ensinar ciência da computação, buscando aprender fazendo, tornando o ensino divertido, sem o uso de equipamento algum, desenvolvendo variações sobre a aplicação das atividades, incluindo a comunicação e a solução de problemas para reforçar a cooperação".

Ficando claro que o pensamento Computacional pode ser ensinado com e sem recursos computacionais, bastando ter a proposição de atividades que desenvolvam as suas habilidades específicas (decomposição, abstração, reconhecimento de padrões e domínio de algoritmos) sem que necessariamente tenhamos computadores disponíveis.

A Computação Desplugada torna o ensino de Pensamento Computacional possível para todos, reduz as desigualdades porque exige apenas boa vontade, criatividade e o querer fazer.

Nesse sentido, Wing (2011) afirma que "a solução de um problema/atividade pode ser executada por um humano ou máquina, ou ainda por combinações de seres humanos e máquinas".

Para tornar possível a realização de atividades da computação desplugada, estamos propondo duas ferramentas didáticas auxiliares no processo ensino-aprendizagem do raciocínio ou pensamento computacional:

3.1 - ROBOMAT – um robô de papelão que obedece as ordens das crianças para seguir um determinado caminho sobre um tabuleiro, obedecendo comandos como virar para a esquerda ou direita, dar meia-volta, pegar ou largar objetos, por exemplo. O ROBOMAT e o seu tabuleiro podem ser visualizados na Figura 01:

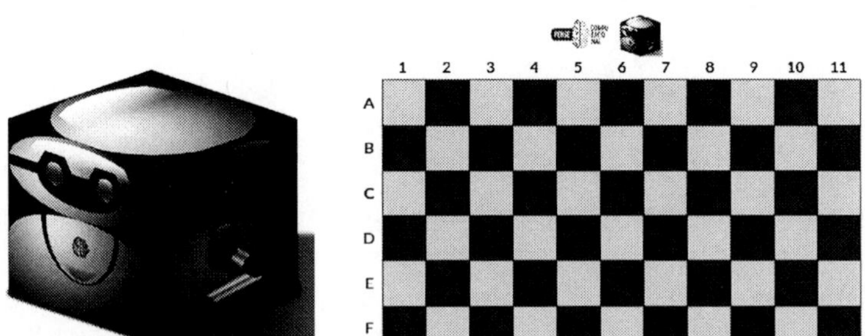

Figura 01 – ROBMAT e seu tabuleiro - Fonte: Criação própria

3.1.1 - Comandos do ROBOMAT

Para ser programado, o ROBOMAT precisa de uma linguagem de programação específica, que passamos a descrever, listando os seus comandos:

1. Cima [n] – avança 1 casa para cima de cada vez no tabuleiro, podendo avançar opcionalmente "n" casas desde que as casa estejam livres.

Exemplos:

COMANDO	EXPLICAÇÃO
Cima	Avança uma casa para cima
Cima 2	Avança duas casas para cima

2. Baixo [n] – avança 1 casa para baixo de cada vez no tabuleiro, podendo avançar opcionalmente "n" casas desde que as casa estejam livres.Exemplos:

COMANDO	EXPLICAÇÃO
Baixo	Avança uma casa para baixo
Baixo 3	Avança 3 casas para baixo

3. Direita [n] – avança 1 casa para a direita ou opcionalmente "n" casas desde que as casas estejam livres nesse sentido.

Exemplo:

COMANDO	EXPLICAÇÃO
Direita	Avança uma casa para a direita
Direita 2	Avança duas casas para a direita

4. Esquerda [n] – avança 1 casa para a esquerda ou opcionalmente "n" casas desde que as casas estejam livres nesse sentido.

Exemplo:

COMANDO	EXPLICAÇÃO
Esquerda	Avança uma casa para a esquerda
Esquerda 2	Avança duas casas para a esquerda

5. Pegue – Pega um objeto na casa imeditamennte à frente do Robomat.

Exemplo:

COMANDO	EXPLICAÇÃO
Pegue	Pega um objeto que esteja na casa à frente da casa na qual o Robomat está localizado. Se não houver um objeto a pegar, não faz nada.

6. Solte - Solte o objeto que tiver pegado anteriormente no local em que o Robomat estiver, localizado. Exemplo:

COMANDO	EXPLICAÇÃO
Solte	Solta um objeto na casa em que o Robomat está localizado. Se não houver um objeto a soltar, não faz nada.

7. Pinte – Pinta a casa na qual o ROBMAT estiver em cima.

COMANDO	EXPLICAÇÃO
Pinte	Pinta a casa na qual o Robomat estiver em cima.

8. Apague – Apaga a pintura, se houver, na casa em que ROBO-MAT estiver e cima.

COMANDO	EXPLICAÇÃO
Apague	Apaga a tinta na casa na qual o Robomat estive em cima, se houver.

9. Se <Condição> <Ação> - Se a <Condição> for verdadeira, execute a <Ação>

Exemplo:

COMANDO	EXPLICAÇÃO
Se <houver casa livre para cima> cima	Avalia se há uma casa desocupada para cima e avança uma casa neste sentido. Se não houver casa livre à cima, não faz nada.

10. Enquanto <condição> <ação>

Exemplo:

COMANDO	EXPLICAÇÃO
Enquanto <houver casa livre para baixo> baixo	Enquanto houver uma casa desocupada para baixo, avance repetidamente uma casa para baixo. Se não houver casa livre para baixo, não faz nada.

Exemplos de Algoritmos para Comandar o Robomat

A Figura 2 mostra o tabuleiro do ROBOMAT:

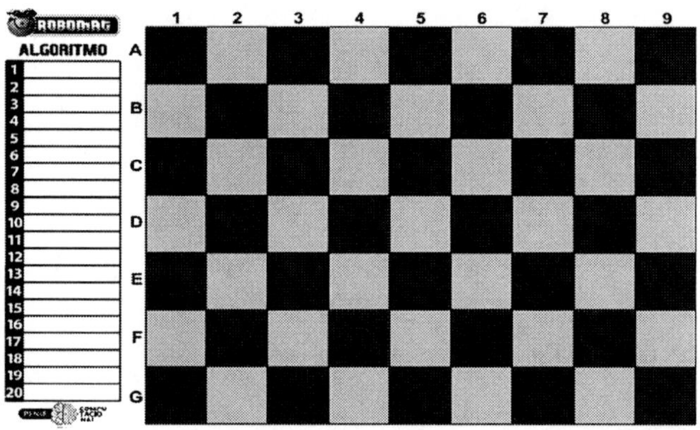

Figura 02 – Tabuleiro ROBOMAT - Fonte: Criação própria

1. No tabuleiro da Figura 2, suponha que você quer fazer o ROBOMAT sair da casa A1 e chegar na casa C4:

ALGORITMO:

Direita
Direita
Direita

Baixo
Baixo

2. Você quer sair da casa C4 e ir até a célula A1:

ALGORITMO:
Esquerda
Esquerda
Esquerda
Cima
Cima

O funcionamento do ROBOMAT pode ser visto no vídeo que pode ser acessado usando os **QR Codes** abaixo:

3.2 - COMPMAT

Um computador de papelão que recebe instruções das crianças para resolver problemas computacionais, conforme a Figura 3:

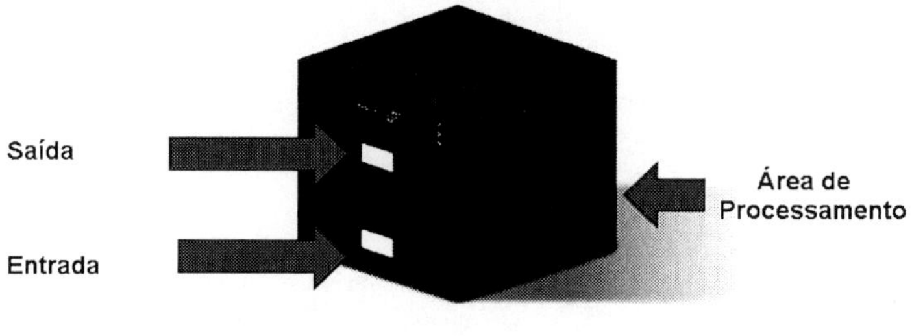

Figura 03 – COMPMAT - Fonte: Criação própria

Deve-se observar que o COMPMAT:

- pode receber dados para serem processados;
- pode apresentar resultados no seu dispositivo de saída;
- realiza as operações necessárias para obter o resultado desejado pelo seu algoritmo (sequência de comandos) na sua área de processamento, que fica na sua parte traseira;
- quem vai ser o USUÁRIO do COMPMAT, escolhe os dados e a operação a ser feita;
- quem vai simular o COMPMAT segue o ALGORITMO e dá o resultado produzido para o seu USUÁRIO.

Nas dinâmicas com o COMPMAT, deve-se distribuir três papéis entre as crianças:

1. O usuário – escolhe os dados e o que quer fazer;
2. O programador – determina o ALGORITMO a ser seguido;
3. O COMPMAT – executa o ALGORITMO internamente.

3.1.2 - Comandos do COMPMAT

Convenções utilizadas:

[ ]	Indica algo opcional
...	Indica que pode haver mais de um elemento

Criar Linha de Comentário

// Comentário sobre programa

Atribuição Valor a Variável

<Variável> = <expressão>	Atribua a variável a expressão, isto é, guarde na posição de memória variável o conteúdo expressão

Entrada / Saída

escreva *conteúdo[,conteúdo,..].])*

Exibe na tela o conteúdo solicitado (texto, resultado de cálculos ou conteúdo de variáveis)

leia *(variável)*

Aguarda a digitação em uma variável que será armazenada na memória

Condicional

se (CONDICAO)
      { COMANDO-1 }
[**senao**
      { COMANDO-2 }]

Se a CONDIÇÃO for verdadeira, executa a lista de COMANDO-1, caso contrário, a lista de COMANDO-2 (se existir)

CONDIÇÃO pode usar Operadores Lógicos e Relacionais

== Igual
!= Diferente
< Menor que
<= Menor ou Igual a
> Maior que
>= Maior ou Igual a

Repetição

enquanto (CONDICAO)
      { COMANDO }

Enquanto a CONDIÇÃO for verdadeira, execute o COMANDO, caso contrário pule para a próxima instrução (se existir)

CONDIÇÃO pode usar Operadores Lógicos e Relacionais

== Igual
!= Diferente
< Menor que
<= Menor ou Igual a
> Maior que
>= Maior ou Igual a

3.1.3 Exemplos de Algoritmos do COMPMAT:

1. CALCULAR A SOMA DE DOIS NÚMEROS INTEIROS:
   Leia (N1)
   Leia (N2)
   Soma = N1 + N2
   Escreva (Soma)

2. CALCULAR O DOBRO DE UM NÚMERO INTEIRO:
   Leia (N)
   Dobro = N * 2
   Escreva (Dobro)

O capítulo 8 apresenta uma metodologia para resolver problemas baseada no Canvas Algoritmico, que foi adaptado a partir do trabalho de BITENCOURT (2018). Esta metodologia é apresentada no vídeo que pode ser acessado pelo QR Code abaixo:

4

Proposta de Planejamento Anual para o Ensino de Pensamento Computacional

A Sociedade Brasileira de Computação – SBC apresentou uma proposta de ampliação do ensino de Computação para o ensino básico, disponível em SBC (2018), que, em conjunto com a BNCC, serviram de base para a elaboração da nossa proposta de planejamento de ensino de Pensamento Computacional para cada ano do ensino fundamental:

PENSAMENTO COMPUTACIONAL - ENSINO FUNDAMENTAL - 1°. Ano		
Objeto de Conhecimento	HABILIDADES	BIMESTRE
Hardware e software	Diferenciar hardware (componentes físicos) e software (programas que fornecem as instruções para o hardware)	I
Máquinas que computam: Terminologia e uso de dispositivos computacionais	Reconhecer dispositivos capazes de computar (desktop, notebook, tablet, smartphone, etc.) e identificar e descrever a função de dispositivos de entrada e saída (monitor, teclado, mouse, impressora, microfone, câmera etc.).	I
ROBOMAT E COMPMAT	Conhecer os equipamentos didáticos (ROBOMAT e COMPMAT), que serão utilizados nas atividades práticas da disciplina.	I
Definição de problemas e algoritmo	Identificar problemas cuja solução é um algoritmo, definindo-os através de suas entradas e saídas; Compreender o conceito de algoritmo.	II

Ferramentas para representar algoritmos	Identificar as principais ferramentas de representação de algoritmos (português, fluxograma, linguagem algorítmica)	III
Algoritmos e a resolução de problemas	Compreender a necessidade de algoritmos para resolver problemas; Resolver problemas básicos usando o ROBOMAT (exemplo: fazer o ROBOMAT seguir um determinado caminho, utilizando instruções básicas tais como: avance, vire à direita, vire à esquerda, etc.); Utilizar o COMPMAT para resolver: problemas envolvendo adição e subtração, problemas envolvendo medidas de comprimento, massa, capacidade e tempo etc.	IV

PENSAMENTO COMPUTACIONAL - ENSINO FUNDAMENTAL - 2°. Ano		
Objeto de Conhecimento	HABILIDADES	BIMESTRE
Hardware e software	Diferenciar hardware (componentes físicos) e software (programas que fornecem as instruções para o hardware)	I
Máquinas que computam: Terminologia e uso de dispositivos computacionais	Reconhecer dispositivos capazes de computar (desktop, notebook, tablet, smartphone, etc.) e identificar e descrever a função de dispositivos de entrada e saída (monitor, teclado, mouse, impressora, microfone, câmera etc.).	I
ROBOMAT E COMPMAT	Conhecer os equipamentos didáticos (ROBOMAT e COMPMAT), que serão utilizados nas atividades práticas da disciplina.	I

Definição de problemas e algoritmo	Identificar problemas cuja solução é um processo (algoritmo), definindo-os através de suas entradas e saídas; compreender o conceito de algoritmo.	II
Ferramentas para representar algoritmos	Identificar as principais ferramentas de representação de algoritmos (português, fluxograma, linguagem algorítmica)	II
Algoritmos e a resolução de problemas	Compreender a necessidade de algoritmos para resolver problemas Resolver problemas básicos usando o ROBOMAT (exemplo: fazer o ROBOMAT seguir um determinado caminho, considerando mais de um ponto de referência e aceitar mudanças de direção e sentidoetc.); Utilizar o COMPMAT para resolver problemas envolvendo adição, multiplicação, dobro, metade e triplo; Utilizar o COMPMAT para resolver problemas envolvendo medidas de comprimento, massa, capacidade, tempo e que envolvam o sistema monetário nacional.	III e IV

PENSAMENTO COMPUTACIONAL - ENSINO FUNDAMENTAL - 3º. Ano		
Objeto de Conhecimento	HABILIDADES	BIMESTRE
Hardware e software	Diferenciar hardware (componentes físicos) e software (programas que fornecem as instruções para o hardware)	I
Máquinas que computam: Terminologia e uso de dispositivos computacionais	Reconhecer dispositivos capazes de computar (desktop, notebook, tablet, smartphone, etc.) e identificar e descrever a função de dispositivos de entrada e saída (monitor, teclado, mouse, impressora, microfone, câmera etc.).	I

ROBOMAT E COMPMAT	Conhecer os equipamentos didáticos (ROBOMAT e COMPMAT), que serão utilizados nas atividades práticas da disciplina.	I
Definição de problemas e algoritmo	Identificar problemas cuja solução é um processo (algoritmo), definindo--os através de suas entradas e saídas; compreender o conceito de algoritmo.	II
Algoritmos: Seleção ou Decisão	Definir e executar algoritmos que incluem sequências e decisões para realizar uma tarefa, de forma independente e em colaboração. Simular, analisar e depurar algoritmos incluindo sequências e seleções.	III
Algoritmos e a resolução de problemas	Compreender a necessidade de algoritmos para resolver problemas; Resolver problemas básicos usando o ROBOMAT (exemplo: fazer o ROBOMAT seguir um determinado caminho, considerando mais de um ponto de referência e aceitar mudanças de direção e sentido etc.); Utilizar o COMPMAT para resolver problemas envolvendo adição, subtração, multiplicação, divisão, terça parte, quarta parte, quinta parte e décima parte; Utilizar o COMPMAT para resolver problemas envolvendo medidas de comprimento, massa, capacidade, tempo e que envolvam o sistema monetário nacional.	IV

PENSAMENTO COMPUTACIONAL - ENSINO FUNDAMENTAL - 4°. Ano		
Objeto de Conhecimento	HABILIDADES	BIMESTRE
Máquinas que computam: Terminologia e uso de dispositivos computacionais	Reconhecer dispositivos capazes de computar (desktop, notebook, tablet, smartphone, etc.) e identificar e descrever a função de dispositivos de entrada e saída (monitor, teclado, mouse, impressora, microfone, câmera etc.); Conhecer os equipamentos didáticos (ROBOMAT e COMPMAT), que serão utilizados nas atividades práticas da disciplina.	I
Metodologia e estratégias para resolução de problemas	Compreender o conceito de metodologia e estratégia de abordagem de problemas; Utilizar as etapas de uma metodologia para resolver problemas.	II
Algoritmos: seleção e repetição	Definir e executar algoritmos que incluem sequências, decisões e repetições para realizar uma tarefa, de forma independente e em colaboração; Simular, analisar e depurar algoritmos incluindo sequências, seleções e repetições.	III

Algoritmos e a resolução de problemas	Compreender a necessidade de algoritmos para resolver problemas; Resolver problemas básicos usando o ROBOMAT (exemplo: fazer o ROBOMAT seguir um determinado caminho, considerando mais de um ponto de referência e aceitar mudanças de direção e sentido etc.); Utilizar o COMPMAT para resolver problemas envolvendo adição, subtração, multiplicação, divisão e frações unitárias mais comuns (1/2, 1/3, ¼, 1/5, 1/10 e 1/100); Resolver problemas envolvendo múltiplos, divisores, medidas de comprimento, massa, capacidade, tempo e que envolvam o sistema monetário nacional.	IV

PENSAMENTO COMPUTACIONAL - ENSINO FUNDAMENTAL - 5°. Ano		
Objeto de Conhecimento	HABILIDADES	BIMESTRE
Máquinas que computam: Terminologia e uso de dispositivos computacionais	Reconhecer dispositivos capazes de computar (desktop, notebook, tablet, smartphone, etc.) e identificar e descrever a função de dispositivos de entrada e saída (monitor, teclado, mouse, impressora, microfone, câmera etc.); Conhecer os equipamentos didáticos (ROBOMAT e COMPMAT), que serão utilizados nas atividades práticas da disciplina.	I

Metodologia e estratégias para resolução de problemas	Compreender o conceito de metodologia e estratégia de abordagem de problemas; Utilizar as etapas de uma metodologia para resolver problemas.	I
Estruturas de dados: listas, vetores e matrizes	Compreender que a organização dos dados é necessária para facilitar a sua manipulação; Dominar o conceito de estruturas de dados estáticos homogêneos (listas, vetores e matrizes) através da realização de experiências com materiais que mostrem a utilização dessas estruturas na vida cotidiana (por exemplo, dias da semana em um calendário, jogo batalha naval, etc.).	II
Algoritmos sobreestruturas de listas, vetores e matrizes	Analisar algoritmos simples usando listas, vetores e matrizes de forma independente e em colaboração; Identificar, compreender e comparar diferentes algoritmos para manipular as estruturas de listas, vetores e matrizes.	III
Algoritmos e a resolução de problemas	Utilizar o COMPMAT para resolver problemas envolvendo adição, subtração, multiplicação, divisão; Resolver problemas envolvendo medidas de comprimento, massa, capacidade, tempo, temperatura, volume, área e perímetro.	IV

PENSAMENTO COMPUTACIONAL - ENSINO FUNDAMENTAL - 6º. Ano		
OBJETO DE CONHECIMENTO	HABILIDADES	BIMESTRE
Máquinas que computam: Terminologia e uso de dispositivos computacionais	Reconhecer dispositivos capazes de computar (desktop, notebook, tablet, smartphone, etc.) e identificar e descrever a função de dispositivos de entrada e saída (monitor, teclado, mouse, impressora, microfone, câmera etc.); Conhecer os equipamentos didáticos (ROBOMAT e COMPMAT), que serão utilizados nas atividades práticas da disciplina.	I
Metodologia e estratégias para resolução de problemas	Compreender o conceito de metodologia e estratégia de abordagem de problemas; Utilizar as etapas de uma metodologia para resolver problemas.	II
Introdução à Generalização	Compreender que um algoritmo pode ser uma solução genérica para um conjunto de instâncias de um mesmo problema; Utilizar parametrização (variáveis como e parâmetros) para descrever soluções genéricas.	III
Técnicas de solução de problemas: decomposição	Identificar problemas de diversas áreas do conhecimento e criar soluções usando a técnica de decomposição de problemas.	III

Algoritmos e a resolução de problemas	Utilizar o COMPMAT para resolver problemas envolvendo adição, subtração, multiplicação, divisão (naturais e racionais); Resolver problemas envolvendo números pares, números ímpares, números primos, múltiplos, divisores, porcentagem, medidas de comprimento, massa, capacidade, tempo, temperatura, volume e cálculo de probabilidade.	IV

PENSAMENTO COMPUTACIONAL - ENSINO FUNDAMENTAL - 7°. Ano		
OBJETO DE CONHECIMENTO	HABILIDADES	BIMESTRE
Metodologia e estratégias para resolução de problemas	Compreender o conceito de metodologia e estratégia de abordagem de problemas; Utilizar as etapas de uma metodologia para resolver problemas.	I
Técnicas de solução de problemas: decomposição e reuso	Criar soluções para problemas envolvendo a definição de dados usando estruturas estáticas (registros e vetores) e algoritmos e sua implementação em uma linguagem de programação; Depurar a solução de um problema para detectar possíveis erros e garantir sua corretude.	II
Programação: decomposição e reuso	Identificar subproblemas comuns em problemas maiores e a possibilidade do reuso de soluções. Colaborar e cooperar na proposta e execução de soluções algorítmicas utilizando decomposição e reuso no processo de solução.	II

Algoritmos e a resolução de problemas	Utilizar o COMPMAT para resolver problemas envolvendo adição, subtração, multiplicação, divisão (naturais e racionais); Resolver problemas envolvendo números pares, números ímpares, números primos, múltiplos, divisores, porcentagem, juros, medidas de comprimento, massa, capacidade, tempo, temperatura, volume e cálculo de probabilidade.	IV

PENSAMENTO COMPUTACIONAL - ENSINO FUNDAMENTAL - 8°. Ano		
OBJETO DE CONHECIMENTO	HABILIDADES	BIMESTRE
Representação da Informação em formato digital	Compreender que para armazenar, manipular e transmitir dados, precisamos codificá-los de alguma forma que seja compreendida pela máquina (formato digital); Representação interna de números no computador (binária, octal, hexadecimal etc.); Codificar diferentes informações para representação em computador (binária, ASCII, UNICODE, etc.); Entender as diferentes unidades de armazenamento da informação digital.	I
Metodologia e estratégias para resolução de problemas	Compreender o conceito de metodologia e estratégia de abordagem de problemas; Utilizar as etapas de uma metodologia para resolver problemas.	I

Técnicas de solução de problemas: recursão	Compreender o conceito de recursão; Identificar o conceito de recursão em outras áreas (Artes, Literatura, Biologia, etc.). Empregar o conceito de recursão, para a compreensão mais profunda da técnica de solução através da aplicação em problemas reais.	II
Programação: listas e Recursão	Identificar problemas de diversas áreas e criar soluções, de forma individual e colaborativa, usando algoritmos sobre listas e recursão	III
Algoritmos e a resolução de problemas	Utilizar o COMPMAT para resolver problemas envolvendo porcentagem, potenciação, radiciação, área de figuras planas, cálculo de valores de medidas centrais (média, mediana, moda), probabilidades.	IV

PENSAMENTO COMPUTACIONAL - ENSINO FUNDAMENTAL - 9º. Ano		
OBJETO DE CONHECIMENTO	HABILIDADES	BIMESTRE
Metodologia e estratégias para resolução de problemas	Compreender o conceito de metodologia e estratégia de abordagem de problemas; Utilizar as etapas de uma metodologia para resolver problemas.	I
Estruturas de dados: listas, conjuntos e grafos	Formalizar os conceitos de lista, grafo e conjunto; Conhecer algoritmos básicos de tratamento das estruturas de lista, grafo e conjunto.	I

Técnica de construção de algoritmos: Generalização	Identificar problemas similares e a possibilidade de reutilização das suas soluções, usando a técnica de generalização (modularização com passagem de parâmetros).	II
Programação: generalização usada em grafos, listas e conjuntos	Construir soluções de problemas usando a técnica de generalização, permitindo o reuso de soluções de problemas em outros contextos, aperfeiçoando e articulando saberes escolares; Identificar problemas de diversas áreas do conhecimento e criar soluções, de forma individual e colaborativa, através de programas de computador usando listas, conjuntos e grafos.	II
Armazenamento de Dados em arquivos	Entender a necessidade de armazenamento dos dados para futuro processamento; Compreender e utilizar diferentes formas de armazenamento de dados (arquivo texto, arquivos CSV, banco de dados, etc.).	III
Algoritmos e a resolução de problemas	Utilizar o COMPMAT para resolver problemas envolvendo porcentagem, potenciação, radiciação, volume de prismas e cilindros, área de figuras planas, cálculo de valores de medidas centrais (média, mediana, moda), probabilidades.	IV
Planejamento e execução de pesquisa amostral e apresentação de relatório	Planejar e executar pesquisa amostral envolvendo tema da realidade social da escola, desenvolvendo programas para manipular os arquivos da pesquisa e gerar relatórios que permitam a análise dos dados coletados.	IV

5

Cronograma de Aulas Proposto

Neste ponto, apresentaremos um planejamento de aulas para o ensino de Pensamento Computacional estruturado em três partes distintas:

PARTE I – CONCEITOS FUNDAMENTAIS – NÚCLEO COMUM – conjunto de aulas que podem ser lecionadas em todas as turmas do ensino fundamental, visando estabelecer uma fundamentação básica para o desenvolvimento do conteúdo futuro;

PARTE II – ATIVIDADES INDIVIDUALIZADAS POR TURMA - conjunto de aulas específicas que visam trabalhar as competências e habilidades da BNCC com temas direcionadas para cada ano/turma, devendo ser trabalhados os problemas propostos no capítulo 7.

PARTE III – ATIVIDADES FINAIS COMUNS A TODAS AS TURMAS – atividades de fechamento, que possuem semelhanças e visam consolidar os temas trabalhados nas etapas anteriores.

PARTE I – CONCEITOS FUNDAMENTAIS – NÚCLEO COMUM

Aula 1 – Introdução ao Pensamento Computacional
Aula 2 – O Hardware e Software de todo dia!
Aula 3 – Dispositivos que computam
Aula 4 – Equipamento Didático ROBOMAT
Aula 5 – Programando o ROBOMAT
Aula 6 – Algoritmos e o ROBOMAT
Aula 7 – Formas de Representação de Algoritmos
Aula 8 – Problemas e os Algoritmos para resolvê-los
Aula 9 – Estratégias para resolver Problemas

Aula 10 – Estratégias para resolver Problemas
Aula 11 – Uma metodologia para resolver Problemas
Aula 12 – Aprofundar o uso da abordagem metodológica para resolver problemas
Aula 13 – Aprofundar o uso da abordagem metodológica para resolver problemas
Aula 14 – Conhecer o material didático COMPMAT
Aula 15 – Resolver Problemas usando o COMPMAT

PARTE II – ATIVIDADES INDIVIDUALIZADAS POR TURMA

Aula 16 – Programando o COMPMAT para resolver problemas
Aula 17 – Programando o COMPMAT para resolver problemas
Aula 18 – Programando o COMPMAT para resolver problemas
Aula 19 – Programando o COMPMAT para resolver problemas
Aula 20 - Programando o COMPMAT para resolver problemas
Aula 21 – Programando o COMPMAT para resolver problemas
Aula 22 – Programando o COMPMAT para resolver problemas

PARTE III – ATIVIDADES FINAIS COMUNS A TODAS AS TURMAS

Aulas 23-26 – Oficina de criação de materiais didáticos – Colocando a mão na massa – Parte I
Aulas 27-30 - Oficina de criação de materiais didáticos - Colocando a mão na massa – Parte II
Aula 31-32 – Fazendo avaliações sobre o trabalho desenvolvido

6

PLANOS DE AULAS

A partir de agora, vamos apresentar uma proposta com planos de aulas estruturados em três grupos:

Parte I – Conceitos Fundamentais – Núcleo Comum - programação de aulas para introduzir as ideias de Pensamento Computacional e computação desplugada, sendo voltadas para todas as turmas do ensino fundamental;

Parte II – Atividades Individualizadas por turma – programação específica voltada para conteúdos específicos de cada turma, levando em consideração as habilidades e competências a serem desenvolvidas de acordo com a BNCC(2018);

Parte III – Atividades Finais e comuns a todas as turmas – contempla a apresentação dos resultados e avaliação do trabalho desenvolvido.

6.1 - Parte I – Conceitos Fundamentais – Núcleo Comum

PLANO DE AULA - DOCENTE: ______________________
TURMA: _________

AULA: 01 - TEMA: Introdução ao Pensamento Computacional - DURAÇÃO TOTAL: 45 minutos

OBJETIVO: mostrar aos alunos como o Pensamento Computacional está presente em nosso cotidiano.

ATIVIDADE	DURAÇÃO (MIN)	PROCEDIMENTO	RECUR-SOS	MATERIAL APOIO
Apresentação da disciplina	10 minutos	Professor(a), neste primeiro encontro, Explique aos alunos que o objetivo desta aula é apresentar o conceito de Pensamento Computacional com o objetivo de desenvolver uma forma de pensar e estruturar soluções para problemas escolares e cotidianos, o que representa uma habilidade muita valorizada em nosso tempo.		
Conceituando o Pensamento Computacional	25 minutos	Apresente o conceito de Pensamento Computacional aos alunos e mostre exemplos do cotidiano, pedindo a eles que analisem a proposta e tentem apresentar exemplos adicionais.	Lápis e papel	Vídeo: https://youtu.be/s5JV86UcnjM
Pesquisando no seu cotidiano	10 minutos	Proponha uma atividade para casa para ser desenvolvida ao longo da semana. Peça para os alunos observarem em suas rotinas cotidianas como utilizam o Pensamento Computacional e peça para eles, contando com a ajuda dos pais, trazerem suas descobertas na próxima aula.		

PLANO DE AULA - DOCENTE: ______________________________
TURMA: __________

AULA: 02 - TEMA: O Hardware e Software de todo dia! - DURAÇÃO TOTAL: 45 minutos

OBJETIVO: mostrar aos alunos como estamos cercados de HARDWARE e SOFTWARE em nosso dia a dia.

ATIVIDADE	DURAÇÃO (MIN)	PROCEDIMENTO	RECURSOS	MATERIAL APOIO
Recapitulando a aula anterior	5 minutos	Recorde os pontos essenciais do encontro anterior e peça para os alunos compartilharem suas principais descobertas da atividade "Pesquisando no seu cotidiano". Explique que na atividade a seguir serão discutidos os conceitos de HARDWARE e SOFTWARE.		
Reconhecendo a onipresença do HARDWARE e SOFTWAREE em nossas vidas	15 minutos	Divida os alunos em grupos e peça para eles relataram os equipamentos computacionais e programas que eles e suas famílias usam diariamente em suas vidas.		
Compreendendo o que é HARDWARE e SOFTWARE	20 minutos	Apresente os conceitos de HARDWARE e SOFTWARE, mostrando exemplos desses elementos no cotidiano das pessoas, pedindo a eles que analisem e tentem apresentar exemplos adicionais.		Livro Introdução à Programação e ao Pensamento Computacional – Severino Paiva – Editora LCM – Capítulo 1 – pág. 6. Vídeo: https://youtu.be/rDCyqDXA3Q8
Pesquisando no seu cotidiano	5 minutos	Proponha uma atividade para casa: peça para os alunos observarem em suas rotinas cotidianas quais são os hardwares e softwares que suas famílias usam. Peça para trazerem suas descobertas na próxima aula.		

PLANO DE AULA - DOCENTE: ______________________________
TURMA: __________

AULA: 03 - TEMA: Dispositivos que computam - DURAÇÃO TOTAL: 45 minutos

OBJETIVO: reconhecer os equipamentos que computam e seus principais componentes.

ATIVIDADE	DURAÇÃO (MIN)	PROCEDIMENTO	RECURSOS	MATERIAL APOIO
Recapitulando a aula anterior	5 minutos	Recorde os pontos essenciais do encontro anterior e peça para os alunos compartilharem suas principais descobertas da atividade "Pesquisando no seu cotidiano". Explique que na atividade a seguir serão discutidos os conceitos de HARDWARE e SOFTWARE.		
Reconhecendo a onipresença do HARDWARE e SOFTWARE em nossas vidas	15 minutos	Divida os alunos em grupos e peça para eles descreverem como funcionam alguns equipamentos computacionais presentes no dia a dia deles (desktop, notebook, tablet, smartphone etc.).		Vídeo: https://youtu.be/rDCyqDXA3Q8
Compreendendo o que é HARDWARE e SOFTWARE	20 minutos	Apresente as funcionalidades e estruturação dos principais equipamentos computacionais (desktop, notebook, tablet, smartphone etc.). Identifique os componentes de entrada, saída, armazenamento e processamento.		
Pesquisando no seu cotidiano	5 minutos	Proponha uma atividade para casa: peça para os alunos observarem quais equipamentos são usados em suas casas. Peça para trazerem suas descobertas na próxima aula.		

PLANO DE AULA - DOCENTE: ______________________________
TURMA: ___________

AULA: 04 - TEMA: Equipamento Didático ROBOMAT - DURAÇÃO TOTAL: 45 minutos

OBJETIVO: conhecer o material didático ROBOMAT.

ATIVIDADE	DURAÇÃO (MIN)	PROCEDIMENTO	RECURSOS	MATERIAL APOIO
Recapitulando a aula anterior	5 minutos	Recorde os pontos essenciais do encontro anterior e peça para os alunos compartilharem suas principais descobertas da atividade proposta.		
O que é e o que faz um Robô	15 minutos	Divida os alunos em grupos e peça para eles descreverem um robô e suas atividades típicas. Feito isso, organize com os alunos as ideias relacionadas, identifique padrões e questione como eles elaboraram tais conceitos.	Lápis e papel	https://super.abril.com.br/cultura/as-tres-leis-da-robotica/
Compreendendo o ROBOMAT	20 minutos	Apresente o ROBOMAT, seu funcionamento e seus comandos disponíveis. Demonstre o efeito de cada comando usando a pista e o ROBOMAT.	ROBOMAT e pista ROBOMAT MINI-PISTA ROBOMAT e Pocket ROBOMAT Anexo 9.1	Livro Introdução à Programação e ao Pensamento Computacional – Severino Paiva – Editora LCM – Capítulo 15 Vídeo: https://youtu.be/7iEjU9AAuml
Pesquisando no seu cotidiano	5 minutos	Proponha uma atividade para casa: peça para os alunos pesquisarem as atividades para as quais os robôs estão sendo alocados atualmente. Peça para trazerem suas descobertas na próxima aula.		

PLANO DE AULA - DOCENTE: ______________________________
TURMA: __________

AULA: 05 - TEMA: Programando o ROBOMAT - DURAÇÃO TOTAL: 45 minutos

OBJETIVO: Resolver problemas usando o material didático ROBOMAT.

ATIVIDADE	DURAÇÃO (MIN)	PROCEDIMENTO	RECURSOS	MATERIAL APOIO
Recapitulando a aula anterior	5 minutos	Recorde os pontos essenciais do encontro anterior e peça para os alunos compartilharem suas principais descobertas da atividade proposta.		
Programando o ROBOMAT	35 minutos	Divida os alunos em grupos e peça para eles descreverem uma sequência de comandos para resolver uma lista de problemas usando a pista e o ROBOMAT. Feito isso, peça para cada grupo demonstrar a solução de um problema usando o ROBOMAT e a pista.	ROBOMAT e pista ROBOMAT Tabuleiro ROBOMAT e Pocket ROBOMAT Anexo 9.1	Livro Introdução à Programação e ao Pensamento Computacional – Severino Paiva – Editora LCM – Capítulo 15 Vídeo: https://youtu.be/7iEjU9AAuml
Pesquisando no seu cotidiano	5 minutos	Proponha uma atividade para casa: peça para os alunos levarem a MINIPISTA ROBOMAT e Pocket ROBOMAT e sugira que eles usem esse kit para criar novos problemas e soluções. Peça para trazerem suas descobertas na próxima aula.	Tabuleiro ROBOMAT e Pocket ROBOMAT	

PLANO DE AULA - DOCENTE: ______________________________
TURMA: __________

AULA: 06 - TEMA: Programando o ROBOMAT - DURAÇÃO TOTAL: 45 minutos

OBJETIVO: Resolver problemas usando o material didático ROBOMAT.

ATIVIDADE	DURAÇÃO (MIN)	PROCEDIMENTO	RECURSOS	MATERIAL APOIO
Recapitulando a aula anterior	5 minutos	Recorde os pontos essenciais do encontro anterior e peça para os alunos compartilharem suas principais descobertas da atividade proposta.		
Programando o ROBOMAT	35 minutos	Divida os alunos em grupos e peça para eles descreverem uma sequência de comandos para resolver uma lista de problemas usando a pista e o ROBOMAT. Feito isso, peça para cada grupo demonstrar a solução de um problema usando o ROBOMAT e a pista.	ROBOMAT e pista ROBOMAT Tabuleiro ROBOMAT e Pocket ROBOMAT Anexo 9.1	Livro Introdução à Programação e ao Pensamento Computacional – Severino Paiva – Editora LCM – Capítulo 15 Vídeo: https://youtu.be/7iEjU9AAumI
Pesquisando no seu cotidiano	5 minutos	Proponha uma atividade para casa: peça para os alunos levarem a MINIPISTA ROBOMAT e Pocket ROBOMAT e sugira que eles usem esse kit para criar novos problemas e soluções. Peça para trazerem suas descobertas na próxima aula.	Tabuleiro ROBOMAT e Pocket ROBOMAT	

PLANO DE AULA - DOCENTE: ______________________________
TURMA: __________

AULA: 07 - TEMA: Algoritmos e o ROBOMAT - DURAÇÃO TOTAL: 45 minutos

OBJETIVO: Compreender o conceito de Algoritmo.

ATIVIDADE	DURAÇÃO (MIN)	PROCEDIMENTO	RECURSOS	MATERIAL APOIO
Recapitulando a aula anterior	15 minutos	Recorde os pontos essenciais do encontro anterior e peça para os alunos compartilharem suas principais descobertas da atividade proposta.	Tabuleiro ROBOMAT e Pocket ROBOMAT	
Programando o ROBOMAT	25 minutos	Introduza o conceito de ALGORITMO usando as sequências de comandos para programar o ROBOMAT. Divida os alunos em grupos e peça para eles identificarem ALGORITMOS em suas vidas. Feito isso, peça para cada grupo apresentar um ALGORITMO usado por eles de forma cotidiana.	ROBOMAT e pista ROBOMAT Tabuleiro ROBOMAT e Pocket ROBOMAT Anexo 9.1	Livro Introdução à Programação e ao Pensamento Computacional – Severino Paiva – Editora LCM – Capítulo 1 Vídeo: https://youtu.be/7iEjU9AAuml https://youtu.be/knQA8aTvbJo
Pesquisando no seu cotidiano	5 minutos	Proponha uma atividade para casa: peça para eles pesquisarem formas de representação de ALGORITMOS. Peça para trazerem suas descobertas na próxima aula.		

PLANO DE AULA - DOCENTE: ______________________________
TURMA: __________

AULA: 08 - TEMA: Formas de Representação de Algoritmos - DURAÇÃO TOTAL: 45 minutos

OBJETIVO: Compreender o conceito de Algoritmo.

ATIVIDADE	DURAÇÃO (MIN)	PROCEDIMENTO	RECURSOS	MATERIAL APOIO
Recapitulando a aula anterior	15 minutos	Recorde os pontos essenciais do encontro anterior e peça para os alunos compartilharem suas principais descobertas da atividade proposta.	Quadro, pincel, lápis e papel	Livro Introdução à Programação e ao Pensamento Computacional – Severino Paiva – Editora LCM – Capítulo 1
Programando o ROBOMAT	25 minutos	Introduza as formas de representação de ALGORITMOS. Divida os alunos em grupos e peça para eles usarem as formas de representação para formular ALGORITMOS que eles conheçam. Feito isso, peça para cada grupo apresentar um ALGORITMO registrado por eles usando as formas de representação recém-conhecidas.	Quadro, pincel, lápis e papel	Livro Introdução à Programação e ao Pensamento Computacional – Severino Paiva – Editora LCM – Capítulo 1 Vídeo: https://youtu.be/ZNoS3js6wPA
Pesquisando no seu cotidiano	5 minutos	Proponha uma atividade para casa: peça para eles discutirem em casa a importância dos ALGORITMOS em nossas vidas. Peça para trazerem suas conclusões na próxima aula.		

PLANO DE AULA - DOCENTE: ______________________________
TURMA: __________

AULA: 09 - TEMA: Problemas e os Algoritmos para resolvê-los - DURAÇÃO TOTAL: 45 minutos

OBJETIVO: Compreender o uso de Algoritmos para resolver problemas.

ATIVIDADE	DURAÇÃO (MIN)	PROCEDIMENTO	RECURSOS	MATERIAL APOIO
Recapitulando a aula anterior	5 minutos	Recorde os pontos essenciais do encontro anterior e peça para os alunos compartilharem suas principais descobertas da atividade proposta.		
Programando o ROBOMAT	25 minutos	Apresente alguns problemas cuja solução são ALGORITMOS. Divida os alunos em grupos e proponha um problema para eles formularem um algoritmo que resolva o problema proposto. Feito isso, peça para cada grupo apresentar o ALGORITMO que resolve o problema.	Quadro, pincel, lápis e papel	Livro Introdução à Programação e ao Pensamento Computacional – Severino Paiva – Editora LCM – Capítulo 1 Vídeo: https://youtu.be/ZNoS3js6wPA
Pesquisando sobre estratégias para resolver problemas	5 minutos	Proponha uma atividade para casa: peça para eles discutirem em casa se problemas têm apenas um ALGORITMO como sua solução ou se podem ter diferentes ALGORITMOS. Peça para trazerem suas conclusões na próxima aula.		

PLANO DE AULA - DOCENTE: ______________________________
TURMA: __________

AULA: 10 - TEMA: Estratégias para resolver Problemas - DURAÇÃO TOTAL: 45 minutos

OBJETIVO: aprender estratégias para resolver problemas.

ATIVIDADE	DURAÇÃO (MIN)	PROCEDIMENTO	RECURSOS	MATERIAL APOIO
Recapitulando a aula anterior	5 minutos	Recorde os pontos essenciais do encontro anterior e peça para os alunos compartilharem suas principais descobertas na atividade proposta.		
Estratégias para resolver problemas	35 minutos	Introduza a importância de ser um RESOLVEDOR de problemas em um mundo cada vez mais complexo. Divida os alunos em grupos e proponha uma discussão sobre a existência de diferentes estratégias para resolver problemas. Feito isso, peça para cada grupo apresentar as suas conclusões. Apresente de forma introdutória algumas estratégias para resolver problemas (Tentativa e erro; Decomposição e Metodologia).	Quadro, pincel, lápis e papel	Livro Introdução à Programação e ao Pensamento Computacional – Severino Paiva – Editora LCM – Capítulo 3 Vídeo: https://youtu.be/shalCMELC8E https://youtu.be/xzJn6EgnpBI
Pesquisando sobre estratégias para resolver problemas	5 minutos	Proponha uma atividade para casa: peça para os alunos discutirem as diferenças e semelhanças entre as estratégias de resolução de problemas apresentados. Peça para trazerem suas conclusões na próxima aula.		

PLANO DE AULA - DOCENTE: ______________________________
TURMA: __________

AULA: 11 - TEMA: Estratégias para resolver Problemas - DURAÇÃO TOTAL: 45 minutos

OBJETIVO: aprender estratégias para resolver problemas.

ATIVIDADE	DURAÇÃO (MIN)	PROCEDIMENTO	RECURSOS	MATERIAL APOIO
Recapitulando a aula anterior	5 minutos	Recorde os pontos essenciais do encontro anterior e peça para os alunos compartilharem suas principais descobertas na atividade proposta.		
Estratégias para resolver problemas	35 minutos	Apresente de forma detalhada algumas estratégias para resolver problemas Tentativa e erro; Decomposição e Metodologia). Divida os alunos em grupos e proponha um problema para resolver, sorteando uma estratégia para cada grupo. Feito isso, peça para cada grupo apresentar as suas soluções.	Quadro, pincel, lápis e papel	Livro Introdução à Programação e ao Pensamento Computacional – Severino Paiva – Editora LCM – Capítulo 3 Vídeos: https://youtu.be/W1R-mGwmeJZU https://youtu.be/j1utmqeJK74 https://youtu.be/WLEq_CxTOs8 https://youtu.be/xzJn6EgnpBI https://youtu.be/shalC-MELC8E
Pesquisando sobre estratégias para resolver problemas	5 minutos	Proponha uma atividade para casa: peça para os alunos resolvam o problema da atividade anterior usando uma abordagem diferente da utilizada no grupo. Peça para trazerem suas soluções na próxima aula.		

PLANO DE AULA - DOCENTE: ______________________________

TURMA: __________

AULA: 12 - TEMA: Uma metodologia para resolver Problemas - DURAÇÃO TOTAL: 45 minutos

OBJETIVO: aprofundar o uso da abordagem metodológica para resolver problemas.

ATIVIDADE	DURAÇÃO (MIN)	PROCEDIMENTO	RECURSOS	MATERIAL APOIO
Recapitulando a aula anterior	5 minutos	Recorde os pontos essenciais do encontro anterior e peça para os alunos compartilharem suas principais descobertas na atividade proposta.		
Estratégias para resolver problemas	35 minutos	Apresente de forma detalhada a metodologia como ferramenta para resolver problemas. Divida os alunos em grupos e proponha um problema para resolver usando a metodologia. Feito isso, peça para cada grupo apresentar as suas soluções.	Quadro, pincel, lápis e papel	Livro Introdução à Programação e ao Pensamento Computacional – Severino Paiva – Editora LCM – Capítulo 3 Vídeos: https://youtu.be/xzJn6EgnpBI https://youtu.be/shalCMELC8E
Pesquisando no seu cotidiano	5 minutos	Proponha uma atividade para casa: peça para que os alunos resolvam um problema usando a metodologia. Peça para trazerem suas soluções na próxima aula.		

PLANO DE AULA - DOCENTE: ______________________________
TURMA: __________

AULA: 13 - TEMA: Uma metodologia para resolver Problemas - DURAÇÃO TOTAL: 45 minutos

OBJETIVO: aprofundar o uso da abordagem metodológica para resolver problemas.

ATIVIDADE	DURAÇÃO (MIN)	PROCEDIMENTO	RECURSOS	MATERIAL APOIO
Recapitulando a aula anterior	5 minutos	Recorde os pontos essenciais do encontro anterior e peça para os alunos compartilharem suas principais descobertas na atividade proposta.		
Estratégias para resolver problemas	35 minutos	Apresente de forma detalhada a metodologia como ferramenta para resolver problemas. Divida os alunos em grupos e proponha um problema para resolver usando a metodologia. Feito isso, peça para cada grupo apresentar as suas soluções.	Quadro, pincel, lápis e papel	Livro Introdução à Programação e ao Pensamento Computacional – Severino Paiva – Editora LCM – Capítulo 3 Vídeos: https://youtu.be/xzJn6Eg-npBI https://youtu.be/shalCMELC8E
Pesquisando no seu cotidiano	5 minutos	Proponha uma atividade para casa: peça para que os alunos resolvam um problema usando a metodologia. Peça para trazerem suas soluções na próxima aula.		

PLANO DE AULA - DOCENTE: ______________________________
TURMA: __________

AULA: 14 - TEMA: Equipamento Didático COMPMAT - DURAÇÃO TOTAL: 45 minutos

OBJETIVO: conhecer o material didático COMPMAT.

ATIVIDADE	DURAÇÃO (MIN)	PROCEDIMENTO	RECURSOS	MATERIAL APOIO
Recapitulando a aula anterior	5 minutos	Recorde os pontos essenciais do encontro anterior e peça para os alunos compartilharem suas principais descobertas da atividade proposta.		
Compreendendo o COMPMAT	35 minutos	Apresente o COMPMAT, seu funcionamento e seus comandos disponíveis. (LEIA, ESCREVA e ATRIBUIÇÃO) Demonstre o efeito de cada comando usando o COMPMAT.	COMPMAT Anexo 10.1	Livro Introdução à Programação e ao Pensamento Computacional – Severino Paiva – Editora LCM – Capítulos 03 e 15 Vídeos: https://youtu.be/j8VmtPEEBPY https://youtu.be/NU0c-c2Jvxzg
Pesquisando no seu cotidiano	5 minutos	Proponha uma atividade para casa: peça para os alunos pesquisarem as atividades para as quais os computadores estão sendo usados atualmente. Peça para trazerem suas descobertas na próxima aula.		

PLANO DE AULA - DOCENTE: ______________________________
TURMA: __________

AULA: 15 - TEMA: Programando o COMPMAT - DURAÇÃO TOTAL: 45 minutos

OBJETIVO: Resolver problemas usando o COMPMAT.

ATIVIDADE	DURAÇÃO (MIN)	PROCEDIMENTO	RECURSOS	MATERIAL APOIO
Recapitulando a aula anterior	5 minutos	Recorde os pontos essenciais do encontro anterior e peça para os alunos compartilharem suas principais descobertas da atividade proposta.		
Programando o COMPMAT	35 minutos	Divida os alunos em grupos e peça para eles descreverem uma sequência de comandos para resolver uma lista de problemas usando o COMPMAT e a metodologia usada no encontro anterior. Feito isso, peça para cada grupo demonstrar a solução de um problema usando o COMPMAT.	COMPMAT Escolher 2 problemas mais simples do Anexo 9.2 Anexo 10.1	Livro Introdução à Programação e ao Pensamento Computacional – Severino Paiva – Editora LCM – Capítulo 1,2, 3 e 15 Vídeo: https://youtu.be/j8VmtPEEBPY
Pesquisando no seu cotidiano	5 minutos	Proponha uma atividade para casa: peça para os alunos levarem um problema para casa e para fazerem um programa para o COMPMAT resolver este problema. Peça para trazerem suas soluções na próxima aula.		

6.2 - Parte Ii – Atividades Individualizadas por Turma

6.2.1 - Aulas Específicas – 1°. Ano – Fundamental I

PLANO DE AULA - DOCENTE: ______________________________
TURMA: 1°. Ano – Fundamental I

AULA: 16 - TEMA: Programando o COMPMAT para resolver problemas - DURAÇÃO TOTAL: 45 minutos

OBJETIVO: Resolver problemas de adição e subtração usando o COMPMAT (BNCC EF01 MA06 e EF01MA08).

ATIVIDADE	DURAÇÃO (MIN)	PROCEDIMENTO	RECURSOS	MATERIAL APOIO
Recapitulando a aula anterior	5 minutos	Recorde os pontos essenciais do encontro anterior e peça para os alunos compartilharem suas principais descobertas da atividade proposta.		
Programando o COMPMAT	35 minutos	Divida os alunos em grupos e peça para eles descreverem uma sequência de comandos para resolver uma lista de problemas de adição e subtração usando o COMPMAT e a metodologia para resolução de problemas. Feito isso, peça para cada grupo demonstrar a solução de um problema usando o COMPMAT.	COMPMAT Anexo 9.2 Anexo 10.1	Livro Introdução à Programação e ao Pensamento Computacional – Severino Paiva – Editora LCM – Capítulos 1,2, 3,4 e 15 Vídeo: https://youtu.be/NU0c-c2Jvxzg
Pesquisando no seu cotidiano	5 minutos	Proponha uma atividade para casa: peça para os alunos levarem um problema para casa e para fazerem um programa para o COMPMAT resolver este problema. Peça para trazerem suas soluções na próxima aula.		

PLANO DE AULA - DOCENTE: ______________________
TURMA: 1°. Ano – Fundamental I

AULA: 17 - TEMA: Programando o COMPMAT para resolver problemas - DURAÇÃO TOTAL: 45 minutos

OBJETIVO: Resolver problemas com medidas de comprimento usando o COMPMAT (BNCC EF01 MA06, EF01MA08, EF01MA15).

ATIVIDADE	DURAÇÃO (MIN)	PROCEDIMENTO	RECURSOS	MATERIAL APOIO
Recapitulando a aula anterior	5 minutos	Recorde os pontos essenciais do encontro anterior e peça para os alunos compartilharem suas principais descobertas da atividade proposta.		
Programando o COMPMAT	35 minutos	Divida os alunos em grupos e peça para eles descreverem uma sequência de comandos para resolver uma lista de problemas de medidas de comprimento usando o COMPMAT e a metodologia para resolução de problemas. Feito isso, peça para cada grupo demonstrar a solução de um problema usando o COMPMAT.	COMPMAT Anexo 9.6 Anexo 10.1	Livro Introdução à Programação e ao Pensamento Computacional – Severino Paiva – Editora LCM – Capítulos 1, 2, 3, 4 e 15 Vídeo: https://youtu.be/NU0c-c2Jvxzg
Pesquisando no seu cotidiano	5 minutos	Proponha uma atividade para casa: peça para os alunos levarem um problema para casa e para fazerem um programa para o COMPMAT resolver este problema. Peça para trazerem suas soluções na próxima aula.		

PLANO DE AULA - DOCENTE: ______________________________
TURMA: 1°. Ano – Fundamental I

AULA: 18 - TEMA: Programando o COMPMAT para resolver problemas - DURAÇÃO TOTAL: 45 minutos

OBJETIVO: Resolver problemas com medidas de massa usando o COMPMAT (BNCC EF01 MA06, EF01MA08, EF01MA15).

ATIVIDADE	DURAÇÃO (MIN)	PROCEDIMENTO	RECURSOS	MATERIAL APOIO
Recapitulando a aula anterior	5 minutos	Recorde os pontos essenciais do encontro anterior e peça para os alunos compartilharem suas principais descobertas da atividade proposta.		
Programando o COMPMAT	35 minutos	Divida os alunos em grupos e peça para eles descreverem uma sequência de comandos para resolver uma lista de problemas de medidas de massa usando o COMPMAT e a metodologia para resolução de problemas. Feito isso, peça para cada grupo demonstrar a solução de um problema usando o COMPMAT.	COMPMAT Anexo 9.7 Anexo 10.1	Livro Introdução à Programação e ao Pensamento Computacional – Severino Paiva – Editora LCM – Capítulos 1, 2, 3, 4 e 15 Vídeo: https://youtu.be/NU0c-c2Jvxzg
Pesquisando no seu cotidiano	5 minutos	Proponha uma atividade para casa: peça para os alunos levarem um problema para casa e para fazerem um programa para o COMPMAT resolver este problema. Peça para trazerem suas soluções na próxima aula.		

PLANO DE AULA - DOCENTE: ______________________________
TURMA: 1°. Ano – Fundamental I

AULA: 19 - TEMA: Programando o COMPMAT para resolver problemas - DURAÇÃO TOTAL: 45 minutos

OBJETIVO: Resolver problemas com medidas de capacidade usando o COMPMAT (BNCC EF01 MA06, EF01MA08, EF01MA15).

ATIVIDADE	DURAÇÃO (MIN)	PROCEDIMENTO	RECURSOS	MATERIAL APOIO
Recapitulando a aula anterior	5 minutos	Recorde os pontos essenciais do encontro anterior e peça para os alunos compartilharem suas principais descobertas da atividade proposta.		
Programando o COMPMAT	35 minutos	Divida os alunos em grupos e peça para eles descreverem uma sequência de comandos para resolver uma lista de problemas de medidas de capacidade usando o COMPMAT e a metodologia para resolução de problemas. Feito isso, peça para cada grupo demonstrar a solução de um problema usando o COMPMAT.	COMPMAT Anexo 9.8 Anexo 10.1	Livro Introdução à Programação e ao Pensamento Computacional – Severino Paiva – Editora LCM – Capítulos 1, 2, 3, 4 e 15 Vídeo: https://youtu.be/NU0c-c2Jvxzg
Pesquisando no seu cotidiano	5 minutos	Proponha uma atividade para casa: peça para os alunos levarem um problema para casa e para fazerem um programa para o COMPMAT resolver este problema. Peça para trazerem suas soluções na próxima aula.		

PLANO DE AULA - DOCENTE: ______________________________
TURMA: 1°. Ano – Fundamental I

AULA: 20 - TEMA: Programando o COMPMAT para resolver problemas - DURAÇÃO TOTAL: 45 minutos

OBJETIVO: Resolver problemas com medidas de tempo usando o COMPMAT (BNCC EF01 MA06, EF01MA08, EF01MA16)..

ATIVIDADE	DURAÇÃO (MIN)	PROCEDIMENTO	RECURSOS	MATERIAL APOIO
Recapitulando a aula anterior	5 minutos	Recorde os pontos essenciais do encontro anterior e peça para os alunos compartilharem suas principais descobertas da atividade proposta.		
Programando o COMPMAT	35 minutos	Divida os alunos em grupos e peça para eles descreverem uma sequência de comandos para resolver uma lista de problemas de medidas de tempo usando o COMPMAT e a metodologia para resolução de problemas. Feito isso, peça para cada grupo demonstrar a solução de um problema usando o COMPMAT.	COMPMAT Anexo 9.13 Anexo 10.1	Livro Introdução à Programação e ao Pensamento Computacional – Severino Paiva – Editora LCM – Capítulos 1, 2, 3, 4 e 15 Vídeo: https://youtu.be/NU0c-c2Jvxzg
Pesquisando no seu cotidiano	5 minutos	Proponha uma atividade para casa: peça para os alunos levarem um problema para casa e para fazerem um programa para o COMPMAT resolver este problema. Peça para trazerem suas soluções na próxima aula.		

PLANO DE AULA - DOCENTE: ______________________________
TURMA: 1°. Ano – Fundamental I

AULA: 21 - TEMA: Programando o COMPMAT para resolver problemas - DURAÇÃO TOTAL: 45 minutos

OBJETIVO: Resolver problemas envolvendo datas e calendários usando o COMPMAT (BNCC EF01 MA06, EF01MA08, EF01MA17, EF01MA18)..

ATIVIDADE	DURAÇÃO (MIN)	PROCEDIMENTO	RECURSOS	MATERIAL APOIO
Recapitulando a aula anterior	5 minutos	Recorde os pontos essenciais do encontro anterior e peça para os alunos compartilharem suas principais descobertas da atividade proposta.		
Programando o COMPMAT	35 minutos	Divida os alunos em grupos e peça para eles descreverem uma sequência de comandos para resolver uma lista de problemas envolvendo datas e o calendário usando o COMPMAT e a metodologia para resolução de problemas. Feito isso, peça para cada grupo demonstrar a solução de um problema usando o COMPMAT.	COMPMAT Anexo 9.13 Anexo 10.1	Livro Introdução à Programação e ao Pensamento Computacional – Severino Paiva – Editora LCM – Capítulos 1, 2, 3, 4 e 15 Vídeo: https://youtu.be/NU0c-c2Jvxzg
Pesquisando no seu cotidiano	5 minutos	Proponha uma atividade para casa: peça para os alunos levarem um problema para casa e para fazerem um programa para o COMPMAT resolver este problema. Peça para trazerem suas soluções na próxima aula.		

PLANO DE AULA - DOCENTE: ______________________________
TURMA: 1°. Ano – Fundamental I

AULA: 22 - TEMA: Programando o COMPMAT para resolver problemas - DURAÇÃO TOTAL: 45 minutos

OBJETIVO: Resolver problemas do sistema monetário nacional com o COMPMAT (BNCC EF01 MA06, EF01MA08, EF01MA19).

ATIVIDADE	DURAÇÃO (MIN)	PROCEDIMENTO	RECURSOS	MATERIAL APOIO
Recapitulando a aula anterior	5 minutos	Recorde os pontos essenciais do encontro anterior e peça para os alunos compartilharem suas principais descobertas da atividade proposta.		
Programando o COMPMAT	35 minutos	Divida os alunos em grupos e peça para eles descreverem uma sequência de comandos para resolver uma lista de problemas envolvendo sistema monetário nacional usando o COMPMAT e a metodologia para resolução de problemas. Feito isso, peça para cada grupo demonstrar a solução de um problema usando o COMPMAT.	COMPMAT Anexo 9.10 Anexo 10.1	Livro Introdução à Programação e ao Pensamento Computacional – Severino Paiva – Editora LCM – Capítulos 1, 2, 3, 4 e 15 Vídeo: https://youtu.be/NU0cc2Jvxzg
Pesquisando no seu cotidiano	5 minutos	Proponha uma atividade para casa: peça para os alunos levarem um problema para casa e para fazerem um programa para o COMPMAT resolver este problema. Peça para trazerem suas soluções na próxima aula.		

6.2.2 - Aulas Específicas – 2°. Ano – Fundamental I

PLANO DE AULA - DOCENTE: ______________________

TURMA: 2°. Ano – Fundamental I

AULA: 16 - TEMA: Programando o COMPMAT para resolver problemas - DURAÇÃO TOTAL: 45 minutos

OBJETIVO: Resolver problemas envolvendo adição e subtração usando o COMPMAT (EF02MA05,EF02MA06, EF02MA07, EF-02MA08).

ATIVIDADE	DURAÇÃO (MIN)	PROCEDIMENTO	RECURSOS	MATERIAL APOIO
Recapitulando a aula anterior	5 minutos	Recorde os pontos essenciais do encontro anterior e peça para os alunos compartilharem suas principais descobertas da atividade proposta.		
Programando o COMPMAT	35 minutos	Divida os alunos em grupos e peça para eles descreverem uma sequência de comandos para resolver uma lista de problemas envolvendo adição, subtração, multiplicação, dobro e triplo, usando o COMPMAT e a metodologia para resolução de problemas. Feito isso, peça para cada grupo demonstrar a solução de um problema usando o COMPMAT.	COMPMAT Anexo 9.2 Anexo 10.1	Livro Introdução à Programação e ao Pensamento Computacional – Severino Paiva – Editora LCM – Capítulos 1, 2, 3, 4 e 15 Vídeo: https://youtu.be/NU0c-c2Jvxzg
Pesquisando no seu cotidiano	5 minutos	Proponha uma atividade para casa: peça para os alunos levarem um problema para casa e para fazerem um programa para o COMPMAT resolver este problema. Peça para trazerem suas soluções na próxima aula.		

PLANO DE AULA - DOCENTE: ______________________________
TURMA: 2º. Ano – Fundamental I

AULA: 17 - TEMA: Programando o COMPMAT para resolver problemas - DURAÇÃO TOTAL: 45 minutos

OBJETIVO: Resolver problemas envolvendo dobro, metade, triplo e terça parte usando o COMPMAT (BNCC EF02MA07, EF02MA08).

ATIVIDADE	DURAÇÃO (MIN)	PROCEDIMENTO	RECURSOS	MATERIAL APOIO
Recapitulando a aula anterior	5 minutos	Recorde os pontos essenciais do encontro anterior e peça para os alunos compartilharem suas principais descobertas da atividade proposta.		
Programando o COMPMAT	35 minutos	Divida os alunos em grupos e peça para eles descreverem uma sequência de comandos para resolver uma lista de problemas envolvendo adição, subtração, multiplicação, dobro e triplo, usando o COMPMAT e a metodologia para resolução de problemas. Feito isso, peça para cada grupo demonstrar a solução de um problema usando o COMPMAT.	COMPMAT Anexo 9.3 Anexo 10.1	Livro Introdução à Programação e ao Pensamento Computacional – Severino Paiva – Editora LCM – Capítulos 1, 2, 3, 4 e 15 Vídeo: https://youtu.be/NU0cc2Jvxzg
Pesquisando no seu cotidiano	5 minutos	Proponha uma atividade para casa: peça para os alunos levarem um problema para casa e para fazerem um programa para o COMPMAT resolver este problema. Peça para trazerem suas soluções na próxima aula.		

PLANO DE AULA - DOCENTE: ______________________________
TURMA: 2º. Ano – Fundamental I

AULA: 18 - TEMA: Programando o COMPMAT para resolver problemas - DURAÇÃO TOTAL: 45 minutos

OBJETIVO: Resolver problemas com medidas de massa usando o COMPMAT (BNCC EF02MA05,EF02MA06, EF02MA07, EF02MA17).

ATIVIDADE	DURAÇÃO (MIN)	PROCEDIMENTO	RECURSOS	MATERIAL APOIO
Recapitulando a aula anterior	5 minutos	Recorde os pontos essenciais do encontro anterior e peça para os alunos compartilharem suas principais descobertas da atividade proposta.		
Programando o COMPMAT	35 minutos	Divida os alunos em grupos e peça para eles descreverem uma sequência de comandos para resolver uma lista de problemas de medidas de massa usando o COMPMAT e a metodologia para resolução de problemas. Feito isso, peça para cada grupo demonstrar a solução de um problema usando o COMPMAT.	COMPMAT Anexo 9.7 Anexo 10.1	Livro Introdução à Programação e ao Pensamento Computacional – Severino Paiva – Editora LCM – Capítulos 1, 2, 3, 4 e 15 Vídeo: https://youtu.be/NU0c-c2Jvxzg
Pesquisando no seu cotidiano	5 minutos	Proponha uma atividade para casa: peça para os alunos levarem um problema para casa e para fazerem um programa para o COMPMAT resolver este problema. Peça para trazerem suas soluções na próxima aula.		

PLANO DE AULA - DOCENTE: ______________________

TURMA: 2°. Ano – Fundamental I

AULA: 19 - TEMA: Programando o COMPMAT para resolver problemas - DURAÇÃO TOTAL: 45 minutos

OBJETIVO: Resolver problemas com medidas de comprimento usando o COMPMAT (BNCC EF02MA05,EF02MA06, EF02MA07, EF02MA08, EF02MA16).

ATIVIDADE	DURAÇÃO (MIN)	PROCEDIMENTO	RECURSOS	MATERIAL APOIO
Recapitulando a aula anterior	5 minutos	Recorde os pontos essenciais do encontro anterior e peça para os alunos compartilharem suas principais descobertas da atividade proposta.		
Programando o COMPMAT	35 minutos	Divida os alunos em grupos e peça para eles descreverem uma sequência de comandos para resolver uma lista de problemas de medidas de comprimento usando o COMPMAT e a metodologia para resolução de problemas. Feito isso, peça para cada grupo demonstrar a solução de um problema usando o COMPMAT.	COMPMAT Anexo 9.6 Anexo 10.1	Livro Introdução à Programação e ao Pensamento Computacional – Severino Paiva – Editora LCM – Capítulos 1, 2, 3, 4 e 15 Vídeo: https://youtu.be/NU0c-c2Jvxzg
Pesquisando no seu cotidiano	5 minutos	Proponha uma atividade para casa: peça para os alunos levarem um problema para casa e para fazerem um programa para o COMPMAT resolver este problema. Peça para trazerem suas soluções na próxima aula.		

PLANO DE AULA - DOCENTE: ___________________________
TURMA: 2°. Ano – Fundamental I

AULA: 20 - TEMA: Programando o COMPMAT para resolver problemas - DURAÇÃO TOTAL: 45 minutos

OBJETIVO: Resolver problemas com medidas de capacidade usando o COMPMAT (EF02MA05,EF02MA06, EF02MA07, EF02MA08, EF02MA17).

ATIVIDADE	DURAÇÃO (MIN)	PROCEDIMENTO	RECURSOS	MATERIAL APOIO
Recapitulando a aula anterior	*5 minutos*	*Recorde os pontos essenciais do encontro anterior e peça para os alunos compartilharem suas principais descobertas da atividade proposta.*		
Programando o COMPMAT	*35 minutos*	*Divida os alunos em grupos e peça para eles descreverem uma sequência de comandos para resolver uma lista de problemas de medidas de capacidade usando o COMPMAT e a metodologia para resolução de problemas.* *Feito isso, peça para cada grupo demonstrar a solução de um problema usando o COMPMAT.*	COMPMAT *Anexo 9.8* *Anexo 10.1*	*Livro Introdução à Programação e ao Pensamento Computacional – Severino Paiva – Editora LCM – Capítulos 1, 2, 3, 4 e 15* *Vídeo: https://youtu.be/NU0cc2Jvxzg*
Pesquisando no seu cotidiano	*5 minutos*	*Proponha uma atividade para casa: peça para os alunos levarem um problema para casa e para fazerem um programa para o COMPMAT resolver este problema.* *Peça para trazerem suas soluções na próxima aula.*		

PLANO DE AULA - DOCENTE: ______________________________
TURMA: 2°. Ano – Fundamental I

AULA: 21 - TEMA: Programando o COMPMAT para resolver problemas - DURAÇÃO TOTAL: 45 minutos

OBJETIVO: Resolver problemas com medidas de tempo usando o COMPMAT (EF02MA05,EF02MA06, EF02MA07, EF02MA08, EF02MA18).

ATIVIDADE	DURAÇÃO (MIN)	PROCEDIMENTO	RECURSOS	MATERIAL APOIO
Recapitulando a aula anterior	5 minutos	Recorde os pontos essenciais do encontro anterior e peça para os alunos compartilharem suas principais descobertas da atividade proposta.		
Programando o COMPMAT	35 minutos	Divida os alunos em grupos e peça para eles descreverem uma sequência de comandos para resolver uma lista de problemas de medidas de tempo usando o COMPMAT e a metodologia para resolução de problemas. Feito isso, peça para cada grupo demonstrar a solução de um problema usando o COMPMAT.	COMPMAT Anexo 9.13 Anexo 10.1	Livro Introdução à Programação e ao Pensamento Computacional – Severino Paiva – Editora LCM – Capítulos 1, 2, 3, 4 e 15 Vídeo: https://youtu.be/NU0cc2Jvxzg
Pesquisando no seu cotidiano	5 minutos	Proponha uma atividade para casa: peça para os alunos levarem um problema para casa e para fazerem um programa para o COMPMAT resolver este problema. Peça para trazerem suas soluções na próxima aula.		

PLANO DE AULA - DOCENTE: ______________________________
TURMA: 2°. Ano – Fundamental I

AULA: 22 - TEMA: Programando o COMPMAT para resolver problemas - DURAÇÃO TOTAL: 45 minutos

OBJETIVO: Resolver problemas envolvendo o sistema monetário nacional com o COMPMAT (EF02MA05,EF02MA06, EF02MA07, EF02MA08, EF02MA20).

ATIVIDADE	DURAÇÃO (MIN)	PROCEDIMENTO	RECURSOS	MATERIAL APOIO
Recapitulando a aula anterior	5 minutos	Recorde os pontos essenciais do encontro anterior e peça para os alunos compartilharem suas principais descobertas da atividade proposta.		
Programando o COMPMAT	35 minutos	Divida os alunos em grupos e peça para eles descreverem uma sequência de comandos para resolver uma lista de problemas envolvendo o sistema monetário nacional usando o COMPMAT e a metodologia para resolução de problemas. Feito isso, peça para cada grupo demonstrar a solução de um problema usando o COMPMAT.	COMPMAT Anexo 9.10 Anexo 10.1	Livro Introdução à Programação e ao Pensamento Computacional – Severino Paiva – Editora LCM – Capítulos 1, 2, 3, 4 e 15 Vídeo: https://youtu.be/NU0cc2Jvxzg
Pesquisando no seu cotidiano	5 minutos	Proponha uma atividade para casa: peça para os alunos levarem um problema para casa e para fazerem um programa para o COMPMAT resolver este problema. Peça para trazerem suas soluções na próxima aula.		

6.2.3 - Aulas Específicas – 3°. Ano – Fundamental I

PLANO DE AULA - DOCENTE: ______________________________
TURMA: 3°. Ano – Fundamental I

AULA: 16 - TEMA: Programando o COMPMAT para resolver problemas - DURAÇÃO TOTAL: 45 minutos

OBJETIVO: Resolver problemas envolvendo adição e subtração partes) (BNCC EF03MA05, EF03MA06).

ATIVIDADE	DURAÇÃO (MIN)	PROCEDIMENTO	RECURSOS	MATERIAL APOIO
Recapitulando a aula anterior	5 minutos	Recorde os pontos essenciais do encontro anterior e peça para os alunos compartilharem suas principais descobertas da atividade proposta.		
Programando o COMPMAT	35 minutos	Divida os alunos em grupos e peça para eles descreverem uma sequência de comandos para resolver uma lista de problemas envolvendo adição, subtração, multiplicação, divisão, terça, quarta, quinta e décima partes, usando o COMPMAT e a metodologia para resolução de problemas. Feito isso, peça para cada grupo demonstrar a solução de um problema usando o COMPMAT.	COMPMAT Anexo 9.2 Anexo 10.1	Livro Introdução à Programação e ao Pensamento Computacional – Severino Paiva – Editora LCM – Capítulos 1, 2, 3, 4 e 15 Vídeo: https://youtu.be/NU0cc2Jvxzg
Pesquisando no seu cotidiano	5 minutos	Proponha uma atividade para casa: peça para os alunos levarem um problema para casa e para fazerem um programa para o COMPMAT resolvê-lo. Peça para trazerem suas soluções na próxima aula.		

PLANO DE AULA - DOCENTE: ______________________________
TURMA: 3°. Ano – Fundamental I

AULA: 17 - TEMA: Programando o COMPMAT para resolver problemas - DURAÇÃO TOTAL: 45 minutos

OBJETIVO: Resolver problemas envolvendo multiplicação, divisão e fração (terça, quarta, quinta e décima partes) (BNCC EF03MA07, EF03MA08, EF03MA09)

ATIVIDADE	DURAÇÃO (MIN)	PROCEDIMENTO	RECURSOS	MATERIAL APOIO
Recapitulando a aula anterior	5 minutos	Recorde os pontos essenciais do encontro anterior e peça para os alunos compartilharem suas principais descobertas da atividade proposta.		
Programando o COMPMAT	35 minutos	Divida os alunos em grupos e peça para eles descreverem uma sequência de comandos para resolver uma lista de problemas envolvendo adição, subtração, multiplicação, divisão, terça, quarta, quinta e décima partes, usando o COMPMAT e a metodologia para resolução de problemas. Feito isso, peça para cada grupo demonstrar a solução de um problema usando o COMPMAT.	COMPMAT Anexo 9.3 Anexo 10.1	Livro Introdução à Programação e ao Pensamento Computacional – Severino Paiva – Editora LCM – Capítulo 1, 2, 3, 4 e 15 Vídeo: https://youtu.be/NU0c-c2Jvxzg
Pesquisando no seu cotidiano	5 minutos	Proponha uma atividade para casa: peça para os alunos levarem um problema para casa e para fazerem um programa para o COMPMAT resolvê-lo. Peça para trazerem suas soluções na próxima aula.		

PLANO DE AULA - DOCENTE: ______________________________
TURMA: 3°. Ano – Fundamental I

AULA: 18 - TEMA: Programando o COMPMAT para resolver problemas - DURAÇÃO TOTAL: 45 minutos

OBJETIVO: Resolver problemas com medidas de massa usando o COMPMAT (BNCC EF03MA05, EF03MA06, EF03MA07, EF03MA08, EF03MA20).

ATIVIDADE	DURAÇÃO (MIN)	PROCEDIMENTO	RECURSOS	MATERIAL APOIO
Recapitulando a aula anterior	5 minutos	Recorde os pontos essenciais do encontro anterior e peça para os alunos compartilharem suas principais descobertas da atividade proposta.		
Programando o COMPMAT	35 minutos	Divida os alunos em grupos e peça para eles descreverem uma sequência de comandos para resolver uma lista de problemas de medidas de massa usando o COMPMAT e a metodologia para resolução de problemas. Feito isso, peça para cada grupo demonstrar a solução de um problema usando o COMPMAT.	COMPMAT Anexo 9.7 Anexo 10.1	Livro Introdução à Programação e ao Pensamento Computacional – Severino Paiva – Editora LCM – Capítulo 1, 2, 3, 4 e 15 Vídeo: https://youtu.be/NU0c-c2Jvxzg
Pesquisando no seu cotidiano	5 minutos	Proponha uma atividade para casa: peça para os alunos levarem um problema para casa e para fazerem um programa para o COMPMAT resolver este problema. Peça para trazerem suas soluções na próxima aula.		

PLANO DE AULA - DOCENTE: ______________________________
TURMA: 3º. Ano – Fundamental I

AULA: 19 - TEMA: Programando o COMPMAT para resolver problemas - DURAÇÃO TOTAL: 45 minutos

OBJETIVO: Resolver problemas com medidas de comprimento usando o COMPMAT (BNCC EF03MA05, EF03MA06, EF03MA07, EF03MA08, EF03MA19).

ATIVIDADE	DURAÇÃO (MIN)	PROCEDIMENTO	RECURSOS	MATERIAL APOIO
Recapitulando a aula anterior	5 minutos	Recorde os pontos essenciais do encontro anterior e peça para os alunos compartilharem suas principais descobertas da atividade proposta.		
Programando o COMPMAT	35 minutos	Divida os alunos em grupos e peça para eles descreverem uma sequência de comandos para resolver uma lista de problemas de medidas de comprimento usando o COMPMAT e a metodologia para resolução de problemas. Feito isso, peça para cada grupo demonstrar a solução de um problema usando o COMPMAT.	COMPMAT Anexo 9.6 Anexo 10.1	Livro Introdução à Programação e ao Pensamento Computacional – Severino Paiva – Editora LCM – Capítulo 1, 2, 3, 4 e 15 Vídeo: https://youtu.be/NU0c-c2Jvxzg
Pesquisando no seu cotidiano	5 minutos	Proponha uma atividade para casa: peça para os alunos levarem um problema para casa e para fazerem um programa para o COMPMAT resolver este problema. Peça para trazerem suas soluções na próxima aula.		

PLANO DE AULA - DOCENTE: ______________________________
TURMA: 3°. Ano – Fundamental I

AULA: 20 - TEMA: Programando o COMPMAT para resolver problemas - DURAÇÃO TOTAL: 45 minutos

OBJETIVO: Resolver problemas com medidas de capacidade usando o COMPMAT (BNCC EF03MA05, EF03MA06, EF03MA07, EF03MA08, EF03MA20).

ATIVIDADE	DURAÇÃO (MIN)	PROCEDIMENTO	RECURSOS	MATERIAL APOIO
Recapitulando a aula anterior	5 minutos	Recorde os pontos essenciais do encontro anterior e peça para os alunos compartilharem suas principais descobertas da atividade proposta.		
Programando o COMPMAT	35 minutos	Divida os alunos em grupos e peça para eles descreverem uma sequência de comandos para resolver uma lista de problemas de medidas de capacidade usando o COMPMAT e a metodologia para resolução de problemas. Feito isso, peça para cada grupo demonstrar a solução de um problema usando o COMPMAT.	COMPMAT Anexo 9.8 Anexo 10.1	Livro Introdução à Programação e ao Pensamento Computacional – Severino Paiva – Editora LCM – Capítulo 1, 2, 3, 4 e 15 Vídeo: https://youtu.be/NU0cc2Jvxzg
Pesquisando no seu cotidiano	5 minutos	Proponha uma atividade para casa: peça para os alunos levarem um problema para casa e para fazerem um programa para o COMPMAT resolver este problema. Peça para trazerem suas soluções na próxima aula.		

PLANO DE AULA - DOCENTE: ______________________________
TURMA: 3º. Ano – Fundamental I

AULA: 21 - TEMA: Programando o COMPMAT para resolver problemas - DURAÇÃO TOTAL: 45 minutos

OBJETIVO: Resolver problemas com medidas de tempo usando o COMPMAT (BNCC EF03MA05, EF03MA06, EF03MA07, EF03MA08, EF03MA22, EF03MA23).

ATIVIDADE	DURAÇÃO (MIN)	PROCEDIMENTO	RECURSOS	MATERIAL APOIO
Recapitulando a aula anterior	5 minutos	Recorde os pontos essenciais do encontro anterior e peça para os alunos compartilharem suas principais descobertas da atividade proposta.		
Programando o COMPMAT	35 minutos	Divida os alunos em grupos e peça para eles descreverem uma sequência de comandos para resolver uma lista de problemas de medidas de tempo usando o COMPMAT e a metodologia para resolução de problemas. Feito isso, peça para cada grupo demonstrar a solução de um problema usando o COMPMAT.	COMPMAT Anexo 9.13 Anexo 10.1	Livro Introdução à Programação e ao Pensamento Computacional – Severino Paiva – Editora LCM – Capítulo 1, 2, 3, 4 e 15 Vídeo: https://youtu.be/NU0c-c2Jvxzg
Pesquisando no seu cotidiano	5 minutos	Proponha uma atividade para casa: peça para os alunos levarem um problema para casa e para fazerem um programa para o COMPMAT resolver este problema. Peça para trazerem suas soluções na próxima aula.		

PLANO DE AULA - DOCENTE: ______________________________
TURMA: 3°. Ano – Fundamental I

AULA: 22 - TEMA: Programando o COMPMAT para resolver problemas - DURAÇÃO TOTAL: 45 minutos

OBJETIVO: Resolver problemas envolvendo o sistema monetário nacional usando o COMPMAT (BNCC EF03MA05, EF03MA06, EF03MA07, EF03MA08, EF03MA24).

ATIVIDADE	DURAÇÃO (MIN)	PROCEDIMENTO	RECURSOS	MATERIAL APOIO
Recapitulando a aula anterior	5 minutos	Recorde os pontos essenciais do encontro anterior e peça para os alunos compartilharem suas principais descobertas da atividade proposta.		
Programando o COMPMAT	35 minutos	Divida os alunos em grupos e peça para eles descreverem uma sequência de comandos para resolver uma lista de problemas envolvendo o sistema monetário nacional usando o COMPMAT e a metodologia para resolução de problemas. Feito isso, peça para cada grupo demonstrar a solução de um problema usando o COMPMAT.	COMPMAT Anexo 9.10 Anexo 10.1	Livro Introdução à Programação e ao Pensamento Computacional – Severino Paiva – Editora LCM – Capítulo 1, 2, 3, 4 e 15 Vídeo: https://youtu.be/NU0cc2Jvxzg
Pesquisando no seu cotidiano	5 minutos	Proponha uma atividade para casa: peça para os alunos levarem um problema para casa e para fazerem um programa para o COMPMAT resolver este problema. Peça para trazerem suas soluções na próxima aula.		

6.2.4 - Aulas Específicas – 4°. Ano – Fundamental I

PLANO DE AULA - DOCENTE: ______________________________
TURMA: 4°. Ano – Fundamental I

AULA: 16 - TEMA: Programando o COMPMAT para resolver problemas - DURAÇÃO TOTAL: 45 minutos

OBJETIVO: Resolver problemas envolvendo adição e subtração usando o COMPMAT (BNCC EF04MA03, EF04MA04).

ATIVIDADE	DURAÇÃO (MIN)	PROCEDIMENTO	RECURSOS	MATERIAL APOIO
Recapitulando a aula anterior	5 minutos	Recorde os pontos essenciais do encontro anterior e peça para os alunos compartilharem suas principais descobertas da atividade proposta.		
Programando o COMPMAT	35 minutos	Divida os alunos em grupos e peça para eles descreverem uma sequência de comandos para resolver uma lista de problemas envolvendo adição e subtração, usando o COMPMAT e a metodologia para resolução de problemas. Feito isso, peça para cada grupo demonstrar a solução de um problema usando o COMPMAT.	COMPMAT Anexo 9.2 Anexo 10.1	Livro Introdução à Programação e ao Pensamento Computacional – Severino Paiva – Editora LCM – Capítulo 1, 2, 3, 4 e 15 Vídeo: https://youtu.be/NU0cc2Jvxzg
Pesquisando no seu cotidiano	5 minutos	Proponha uma atividade para casa: peça para os alunos levarem um problema para casa e para fazerem um programa para o COMPMAT resolvê-lo. Peça para trazerem suas soluções na próxima aula.		

PLANO DE AULA - DOCENTE: ______________________________
TURMA: 4°. Ano – Fundamental I

AULA: 17 - TEMA: Programando o COMPMAT para resolver problemas - DURAÇÃO TOTAL: 45 minutos

OBJETIVO: Resolver problemas envolvendo multiplicação, divisão, frações, múltiplos e divisores usando o COMPMAT (BNCC EF04MA05, EF04MA06, EF04MA07, EF04MA09).

ATIVIDADE	DURAÇÃO (MIN)	PROCEDIMENTO	RECURSOS	MATERIAL APOIO
Recapitulando a aula anterior	5 minutos	Recorde os pontos essenciais do encontro anterior e peça para os alunos compartilharem suas principais descobertas da atividade proposta.		
Programando o COMPMAT	35 minutos	Divida os alunos em grupos e peça para eles descreverem uma sequência de comandos para resolver uma lista de problemas envolvendo multiplicação, divisão e frações, múltiplos e divisores, usando o COMPMAT e a metodologia para resolução de problemas. Feito isso, peça para cada grupo demonstrar a solução de um problema usando o COMPMAT.	COMPMAT Anexo 9.3 Anexo 10.1	Livro Introdução à Programação e ao Pensamento Computacional – Severino Paiva – Editora LCM – Capítulo 1, 2, 3, 4 e 15 Vídeo: https://youtu.be/NU0cc2Jvxzg
Pesquisando no seu cotidiano	5 minutos	Proponha uma atividade para casa: peça para os alunos levarem um problema para casa e para fazerem um programa para o COMPMAT resolvê-lo. Peça para trazerem suas soluções na próxima aula.		

PLANO DE AULA - DOCENTE: ______________________________
TURMA: 4°. Ano – Fundamental I

AULA: 18 - TEMA: Programando o COMPMAT para resolver problemas - DURAÇÃO TOTAL: 45 minutos

OBJETIVO: Resolver problemas com medidas de massa usando o COMPMAT (BNCC EF04MA03, EF04MA04, EF04MA05, EF04MA06, EF04MA07, EF04MA09, EF04MA20).

ATIVIDADE	DURAÇÃO (MIN)	PROCEDIMENTO	RECURSOS	MATERIAL APOIO
Recapitulando a aula anterior	5 minutos	Recorde os pontos essenciais do encontro anterior e peça para os alunos compartilharem suas principais descobertas da atividade proposta.		
Programando o COMPMAT	35 minutos	Divida os alunos em grupos e peça para eles descreverem uma sequência de comandos para resolver uma lista de problemas de medidas de massa usando o COMPMAT e a metodologia para resolução de problemas. Feito isso, peça para cada grupo demonstrar a solução de um problema usando o COMPMAT.	COMPMAT Anexo 9.7 Anexo 10.1	Livro Introdução à Programação e ao Pensamento Computacional – Severino Paiva – Editora LCM – Capítulo 1, 2, 3, 4 e 15 Vídeo: https://youtu.be/NU0cc2Jvxzg
Pesquisando no seu cotidiano	5 minutos	Proponha uma atividade para casa: peça para os alunos levarem um problema para casa e para fazerem um programa para o COMPMAT resolver este problema. Peça para trazerem suas soluções na próxima aula.		

PLANO DE AULA - DOCENTE: ______________________________
TURMA: 4º. Ano – Fundamental I

AULA: 19 - TEMA: Programando o COMPMAT para resolver problemas - DURAÇÃO TOTAL: 45 minutos

OBJETIVO: Resolver problemas com medidas de comprimento usando o COMPMAT BNCC EF04MA03, EF04MA04, EF04MA05, EF04MA06, EF04MA07, EF04MA09, EF04MA20).

ATIVIDADE	DURAÇÃO (MIN)	PROCEDIMENTO	RECURSOS	MATERIAL APOIO
Recapitulando a aula anterior	5 minutos	Recorde os pontos essenciais do encontro anterior e peça para os alunos compartilharem suas principais descobertas da atividade proposta.		
Programando o COMPMAT	35 minutos	Divida os alunos em grupos e peça para eles descreverem uma sequência de comandos para resolver uma lista de problemas de medidas de comprimento usando o COMPMAT e a metodologia para resolução de problemas. Feito isso, peça para cada grupo demonstrar a solução de um problema usando o COMPMAT.	COMPMAT Anexo 9.6 Anexo 10.1	Livro Introdução à Programação e ao Pensamento Computacional – Severino Paiva – Editora LCM – Capítulo 1, 2, 3, 4 e 15 Vídeo: https://youtu.be/NU0cc2Jvxzg
Pesquisando no seu cotidiano	5 minutos	Proponha uma atividade para casa: peça para os alunos levarem um problema para casa e para fazerem um programa para o COMPMAT resolver este problema. Peça para trazerem suas soluções na próxima aula.		

PLANO DE AULA - DOCENTE: ___________________________
TURMA: 4º. Ano – Fundamental I

AULA: 20 - TEMA: Programando o COMPMAT para resolver problemas - DURAÇÃO TOTAL: 45 minutos

OBJETIVO: Resolver problemas com medidas de capacidade usando o COMPMAT BNCC EF04MA03, EF04MA04, EF04MA05, EF04MA06, EF04MA07, EF04MA09, EF04MA20).

ATIVIDADE	DURAÇÃO (MIN)	PROCEDIMENTO	RECURSOS	MATERIAL APOIO
Recapitulando a aula anterior	5 minutos	Recorde os pontos essenciais do encontro anterior e peça para os alunos compartilharem suas principais descobertas da atividade proposta.		
Programando o COMPMAT	35 minutos	Divida os alunos em grupos e peça para eles descreverem uma sequência de comandos para resolver uma lista de problemas de medidas de capacidade usando o COMPMAT e a metodologia para resolução de problemas. Feito isso, peça para cada grupo demonstrar a solução de um problema usando o COMPMAT.	COMPMAT Anexo 9.8 Anexo 10.1	Livro Introdução à Programação e ao Pensamento Computacional – Severino Paiva – Editora LCM – Capítulo 1, 2, 3, 4 e 15 Vídeo: https://youtu.be/NU0c-c2Jvxzg
Pesquisando no seu cotidiano	5 minutos	Proponha uma atividade para casa: peça para os alunos levarem um problema para casa e para fazerem um programa para o COMPMAT resolver este problema. Peça para trazerem suas soluções na próxima aula.		

PLANO DE AULA - DOCENTE: ______________________________
TURMA: 4°. Ano – Fundamental I

AULA: 21 - TEMA: Programando o COMPMAT para resolver problemas - DURAÇÃO TOTAL: 45 minutos

OBJETIVO: Resolver problemas com medidas de tempo e temperatura usando o COMPMAT BNCC EF04MA03, EF04MA04, EF04MA05, EF04MA06, EF04MA07, EF04MA09, EF04MA22, EF04MA23).

ATIVIDADE	DURAÇÃO (MIN)	PROCEDIMENTO	RECURSOS	MATERIAL APOIO
Recapitulando a aula anterior	5 minutos	Recorde os pontos essenciais do encontro anterior e peça para os alunos compartilharem suas principais descobertas da atividade proposta.		
Programando o COMPMAT	35 minutos	Divida os alunos em grupos e peça para eles descreverem uma sequência de comandos para resolver uma lista de problemas de medidas de tempo usando o COMPMAT e a metodologia para resolução de problemas. Feito isso, peça para cada grupo demonstrar a solução de um problema usando o COMPMAT.	COMPMAT Anexo 9.4 e 9.13 Anexo 10.1	Livro Introdução à Programação e ao Pensamento Computacional – Severino Paiva – Editora LCM – Capítulo 1, 2, 3, 4 e 15 Vídeo: https://youtu.be/NU0cc2Jvxzg
Pesquisando no seu cotidiano	5 minutos	Proponha uma atividade para casa: peça para os alunos levarem um problema para casa e para fazerem um programa para o COMPMAT resolver este problema. Peça para trazerem suas soluções na próxima aula.		

PLANO DE AULA - DOCENTE: ______________________________
TURMA: 4º. Ano – Fundamental I

AULA: 22 - TEMA: Programando o COMPMAT para resolver problemas - DURAÇÃO TOTAL: 45 minutos

OBJETIVO: Resolver problemas envolvendo o sistema monetário nacional usando o COMPMAT BNCC EF04MA03, EF04MA04, EF04MA05, EF04MA06, EF04MA07, EF04MA09, EF04MA25).

ATIVIDADE	DURAÇÃO (MIN)	PROCEDIMENTO	RECURSOS	MATERIAL APOIO
Recapitulando a aula anterior	5 minutos	Recorde os pontos essenciais do encontro anterior e peça para os alunos compartilharem suas principais descobertas da atividade proposta.		
Programando o COMPMAT	35 minutos	Divida os alunos em grupos e peça para eles descreverem uma sequência de comandos para resolver uma lista de problemas envolvendo o sistema monetário nacional usando o COMPMAT e a metodologia para resolução de problemas. Feito isso, peça para cada grupo demonstrar a solução de um problema usando o COMPMAT.	COMPMAT Anexo 9.10 Anexo 10.1	Livro Introdução à Programação e ao Pensamento Computacional – Severino Paiva – Editora LCM – Capítulo 1, 2, 3, 4 e 15 Vídeo: https://youtu.be/NU0c-c2Jvxzg
Pesquisando no seu cotidiano	5 minutos	Proponha uma atividade para casa: peça para os alunos levarem um problema para casa e para fazerem um programa para o COMPMAT resolver este problema. Peça para trazerem suas soluções na próxima aula.		

6.2.5 - Aulas Específicas – 5°. Ano – Fundamental I

PLANO DE AULA - DOCENTE: ______________________________
TURMA: 5°. Ano – Fundamental I

AULA: 16 - TEMA: Programando o COMPMAT para resolver problemas - DURAÇÃO TOTAL: 45 minutos

OBJETIVO: Resolver problemas envolvendo adição e subtração usando o COMPMAT (BNCC EF05MA07).

ATIVIDADE	DURAÇÃO (MIN)	PROCEDIMENTO	RECURSOS	MATERIAL APOIO
Recapitulando a aula anterior	5 minutos	Recorde os pontos essenciais do encontro anterior e peça para os alunos compartilharem suas principais descobertas da atividade proposta.		
Programando o COMPMAT	35 minutos	Divida os alunos em grupos e peça para eles descreverem uma sequência de comandos para resolver uma lista de problemas envolvendo adição, subtração, multiplicação, perímetro, área e volume, usando o COMPMAT e a metodologia para resolução de problemas. Feito isso, peça para cada grupo demonstrar a solução de um problema usando o COMPMAT.	COMPMAT Anexo 9.2 Anexo 10.1	Livro Introdução à Programação e ao Pensamento Computacional – Severino Paiva – Editora LCM – Capítulo 1, 2, 3, 4 e 15 Vídeo: https://youtu.be/NU0cc2Jvxzg
Pesquisando no seu cotidiano	5 minutos	Proponha uma atividade para casa: peça para os alunos levarem um problema para casa e para fazerem um programa para o COMPMAT resolver este problema. Peça para trazerem suas soluções na próxima aula.		

PLANO DE AULA - DOCENTE: ______________________________

TURMA: 5°. Ano – Fundamental I

AULA: 17 - TEMA: Programando o COMPMAT para resolver problemas - DURAÇÃO TOTAL: 45 minutos

OBJETIVO: Resolver problemas envolvendo multiplicação, divisão, perímetro, área e volume usando o COMPMAT (BNCC EF05MA08,EF05MA20).

ATIVIDADE	DURAÇÃO (MIN)	PROCEDIMENTO	RECURSOS	MATERIAL APOIO
Recapitulando a aula anterior	5 minutos	Recorde os pontos essenciais do encontro anterior e peça para os alunos compartilharem suas principais descobertas da atividade proposta.		
Programando o COMPMAT	35 minutos	Divida os alunos em grupos e peça para eles descreverem uma sequência de comandos para resolver uma lista de problemas envolvendo adição, subtração, multiplicação, perímetro, área e volume, usando o COMPMAT e a metodologia para resolução de problemas. Feito isso, peça para cada grupo demonstrar a solução de um problema usando o COMPMAT.	COMPMAT Anexos 9.3, 9.5 e 9.8 Anexo 10.1	Livro Introdução à Programação e ao Pensamento Computacional – Severino Paiva – Editora LCM – Capítulo 1, 2, 3, 4 e 15 Vídeo: https://youtu.be/NU0cc2Jvxzg
Pesquisando no seu cotidiano	5 minutos	Proponha uma atividade para casa: peça para os alunos levarem um problema para casa e para fazerem um programa para o COMPMAT resolver este problema. Peça para trazerem suas soluções na próxima aula.		

PLANO DE AULA - DOCENTE: ______________________________
TURMA: 5°. Ano – Fundamental I

AULA: 18 - TEMA: Programando o COMPMAT para resolver problemas - DURAÇÃO TOTAL: 45 minutos

OBJETIVO: Resolver problemas com medidas de massa usando o COMPMAT (BNCC EF05MA07, EF05MA08,EF05MA19).

ATIVIDADE	DURAÇÃO (MIN)	PROCEDIMENTO	RECURSOS	MATERIAL APOIO
Recapitulando a aula anterior	5 minutos	Recorde os pontos essenciais do encontro anterior e peça para os alunos compartilharem suas principais descobertas da atividade proposta.		
Programando o COMPMAT	35 minutos	Divida os alunos em grupos e peça para eles descreverem uma sequência de comandos para resolver uma lista de problemas de medidas de massa usando o COMPMAT e a metodologia para resolução de problemas. Feito isso, peça para cada grupo demonstrar a solução de um problema usando o COMPMAT.	COMPMAT Anexo 9.7 Anexo 10.1	Livro Introdução à Programação e ao Pensamento Computacional – Severino Paiva – Editora LCM – Capítulo 1, 2, 3, 4 e 15 Vídeo: https://youtu.be/NU0c-c2Jvxzg
Pesquisando no seu cotidiano	5 minutos	Proponha uma atividade para casa: peça para os alunos levarem um problema para casa e para fazerem um programa para o COMPMAT resolver este problema. Peça para trazerem suas soluções na próxima aula.		

PLANO DE AULA - DOCENTE: ______________________________
TURMA: 5°. Ano – Fundamental I

AULA: 19 - TEMA: Programando o COMPMAT para resolver problemas - DURAÇÃO TOTAL: 45 minutos

OBJETIVO: Resolver problemas com medidas de comprimento usando o COMPMAT (BNCC EF05MA07, EF05MA08,EF05MA19).

ATIVIDADE	DURAÇÃO (MIN)	PROCEDIMENTO	RECURSOS	MATERIAL APOIO
Recapitulando a aula anterior	5 minutos	Recorde os pontos essenciais do encontro anterior e peça para os alunos compartilharem suas principais descobertas da atividade proposta.		
Programando o COMPMAT	35 minutos	Divida os alunos em grupos e peça para eles descreverem uma sequência de comandos para resolver uma lista de problemas de medidas de comprimento usando o COMPMAT e a metodologia para resolução de problemas. Feito isso, peça para cada grupo demonstrar a solução de um problema usando o COMPMAT.	COMPMAT Anexo 9.6 Anexo 10.1	Livro Introdução à Programação e ao Pensamento Computacional – Severino Paiva – Editora LCM – Capítulo 1, 2, 3, 4 e 15 Vídeo: https://youtu.be/NU0cc2Jvxzg
Pesquisando no seu cotidiano	5 minutos	Proponha uma atividade para casa: peça para os alunos levarem um problema para casa e para fazerem um programa para o COMPMAT resolver este problema. Peça para trazerem suas soluções na próxima aula.		

PLANO DE AULA - DOCENTE: ______________________
TURMA: 5°. Ano – Fundamental I

AULA: 20 - TEMA: Programando o COMPMAT para resolver problemas - DURAÇÃO TOTAL: 45 minutos

OBJETIVO: Resolver problemas com medidas de capacidade e volume usando o COMPMAT (BNCC EF05MA07, EF05MA08,EF05MA19, EF05MA21).

ATIVIDADE	DURAÇÃO (MIN)	PROCEDIMENTO	RECURSOS	MATERIAL APOIO
Recapitulando a aula anterior	5 minutos	Recorde os pontos essenciais do encontro anterior e peça para os alunos compartilharem suas principais descobertas da atividade proposta.		
Programando o COMPMAT	35 minutos	Divida os alunos em grupos e peça para eles descreverem uma sequência de comandos para resolver uma lista de problemas de medidas de capacidade usando o COMPMAT e a metodologia para resolução de problemas. Feito isso, peça para cada grupo demonstrar a solução de um problema usando o COMPMAT.	COMPMAT Anexo 9.8 Anexo 10.1	Livro Introdução à Programação e ao Pensamento Computacional – Severino Paiva – Editora LCM – Capítulo 1, 2, 3, 4 e 15 Vídeo: https://youtu.be/NU0c-c2Jvxzg
Pesquisando no seu cotidiano	5 minutos	Proponha uma atividade para casa: peça para os alunos levarem um problema para casa e para fazerem um programa para o COMPMAT resolver este problema. Peça para trazerem suas soluções na próxima aula.		

PLANO DE AULA - DOCENTE: ______________________

TURMA: 5º. Ano – Fundamental I

AULA: 21 - TEMA: Programando o COMPMAT para resolver problemas - DURAÇÃO TOTAL: 45 minutos

OBJETIVO: Resolver problemas com medidas de tempo usando o COMPMAT (BNCC EF05MA07, EF05MA08,EF05MA19).

ATIVIDADE	DURAÇÃO (MIN)	PROCEDIMENTO	RECURSOS	MATERIAL APOIO
Recapitulando a aula anterior	5 minutos	Recorde os pontos essenciais do encontro anterior e peça para os alunos compartilharem suas principais descobertas da atividade proposta.		
Programando o COMPMAT	35 minutos	Divida os alunos em grupos e peça para eles descreverem uma sequência de comandos para resolver uma lista de problemas de medidas de tempo usando o COMPMAT e a metodologia para resolução de problemas. Feito isso, peça para cada grupo demonstrar a solução de um problema usando o COMPMAT.	COMPMAT Anexo 9.13 Anexo 10.1	Livro Introdução à Programação e ao Pensamento Computacional – Severino Paiva – Editora LCM – Capítulo 1, 2, 3, 4 e 15 Vídeo: https://youtu.be/NU0c-c2Jvxzg
Pesquisando no seu cotidiano	5 minutos	Proponha uma atividade para casa: peça para os alunos levarem um problema para casa e para fazerem um programa para o COMPMAT resolver este problema. Peça para trazerem suas soluções na próxima aula.		

PLANO DE AULA - DOCENTE: ______________________________
TURMA: 5°. Ano – Fundamental I

AULA: 22 - TEMA: Programando o COMPMAT para resolver problemas - DURAÇÃO TOTAL: 45 minutos

OBJETIVO: Resolver problemas envolvendo medidas de temperatura usando o COMPMAT (BNCC EF05MA07, EF05MA08,EF05MA19).

ATIVIDADE	DURAÇÃO (MIN)	PROCEDIMENTO	RECURSOS	MATERIAL APOIO
Recapitulando a aula anterior	5 minutos	Recorde os pontos essenciais do encontro anterior e peça para os alunos compartilharem suas principais descobertas da atividade proposta.		
Programando o COMPMAT	35 minutos	Divida os alunos em grupos e peça para eles descreverem uma sequência de comandos para resolver uma lista de problemas envolvendo medidas de temperatura usando o COMPMAT e a metodologia para resolução de problemas. Feito isso, peça para cada grupo demonstrar a solução de um problema usando o COMPMAT.	COMPMAT Anexo 9.4 Anexo 10.1	Livro Introdução à Programação e ao Pensamento Computacional – Severino Paiva – Editora LCM – Capítulo 1, 2, 3, 4 e 15 Vídeo: https://youtu.be/NU0cc2Jvxzg
Pesquisando no seu cotidiano	5 minutos	Proponha uma atividade para casa: peça para os alunos levarem um problema para casa e para fazerem um programa para o COMPMAT resolver este problema. Peça para trazerem suas soluções na próxima aula.		

6.2.6 - Aulas Específicas – 6°. Ano – Fundamental II

PLANO DE AULA - DOCENTE: ______________________________
TURMA: 6°. Ano – Fundamental II

AULA: 16 - TEMA: Programando o COMPMAT para resolver problemas - DURAÇÃO TOTAL: 45 minutos

OBJETIVO: Resolver problemas envolvendo operações aritméticas (adição, subtração, multiplicação, divisão e potenciação) usando o COMPMAT (BNCC EF06MA03).

ATIVIDADE	DURAÇÃO (MIN)	PROCEDIMENTO	RECURSOS	MATERIAL APOIO
Recapitulando a aula anterior	5 minutos	Recorde os pontos essenciais do encontro anterior e peça para os alunos compartilharem suas principais descobertas da atividade proposta.		
Programando o COMPMAT	35 minutos	Divida os alunos em grupos e peça para eles descreverem uma sequência de comandos para resolver uma lista de problemas envolvendo operações aritméticas, números pares, ímpares, números primos, múltiplos, divisores e porcentagem, usando o COMPMAT e a metodologia para resolução de problemas. Feito isso, peça para cada grupo demonstrar a solução de um problema usando o COMPMAT.	COMPMAT Anexos 9.2, 9.3 Anexo 10.1	Livro Introdução à Programação e ao Pensamento Computacional – Severino Paiva – Editora LCM – Capítulo 1, 2, 3, 4 e 15 Vídeo: https://youtu.be/NU0cc2Jvxzg
Pesquisando no seu cotidiano	5 minutos	Proponha uma atividade para casa: peça para os alunos levarem um problema para casa e para fazerem um programa para o COMPMAT resolver este problema. Peça para trazerem suas soluções na próxima aula.		

PLANO DE AULA - DOCENTE: ______________________________
TURMA: 6°. Ano – Fundamental II

AULA: 17 - TEMA: Programando o COMPMAT para resolver problemas - DURAÇÃO TOTAL: 45 minutos

OBJETIVO: Resolver problemas envolvendo números pares, ímpares, números primos, múltiplos, divisores e porcentagem usando o COMPMAT (BNCC EF06MA04, EF06MA05, EF06MA06, EF06MA11, EF06MA13).

ATIVIDADE	DURAÇÃO (MIN)	PROCEDIMENTO	RECURSOS	MATERIAL APOIO
Recapitulando a aula anterior	5 minutos	Recorde os pontos essenciais do encontro anterior e peça para os alunos compartilharem suas principais descobertas da atividade proposta.		
Programando o COMPMAT	35 minutos	Divida os alunos em grupos e peça para eles descreverem uma sequência de comandos para resolver uma lista de problemas envolvendo operações aritméticas, números pares, ímpares, números primos, múltiplos, divisores e porcentagem, usando o COMPMAT e a metodologia para resolução de problemas. Feito isso, peça para cada grupo demonstrar a solução de um problema usando o COMPMAT.	COMPMAT Anexos 9.3, 9.11 Anexo 10.1	Livro Introdução à Programação e ao Pensamento Computacional – Severino Paiva – Editora LCM – Capítulo 1, 2, 3, 4 e 15 Vídeo: https://youtu.be/NU0c-c2Jvxzg
Pesquisando no seu cotidiano	5 minutos	Proponha uma atividade para casa: peça para os alunos levarem um problema para casa e para fazerem um programa para o COMPMAT resolver este problema. Peça para trazerem suas soluções na próxima aula.		

PLANO DE AULA - DOCENTE: ______________________________
TURMA: 6°. Ano – Fundamental II

AULA: 18 - TEMA: Programando o COMPMAT para resolver problemas - DURAÇÃO TOTAL: 45 minutos

OBJETIVO: Resolver problemas com medidas de massa usando o COMPMAT (BNCC EF06MA24).

ATIVIDADE	DURAÇÃO (MIN)	PROCEDIMENTO	RECURSOS	MATERIAL APOIO
Recapitulando a aula anterior	5 minutos	Recorde os pontos essenciais do encontro anterior e peça para os alunos compartilharem suas principais descobertas da atividade proposta.		
Programando o COMPMAT	35 minutos	Divida os alunos em grupos e peça para eles descreverem uma sequência de comandos para resolver uma lista de problemas de medidas de massa usando o COMPMAT e a metodologia para resolução de problemas. Feito isso, peça para cada grupo demonstrar a solução de um problema usando o COMPMAT.	COMPMAT Anexo 9.7 Anexo 10.1	Livro Introdução à Programação e ao Pensamento Computacional – Severino Paiva – Editora LCM – Capítulo 1, 2, 3, 4 e 15 Vídeo: https://youtu.be/NU0cc2Jvxzg
Pesquisando no seu cotidiano	5 minutos	Proponha uma atividade para casa: peça para os alunos levarem um problema para casa e para fazerem um programa para o COMPMAT resolver este problema. Peça para trazerem suas soluções na próxima aula.		

PLANO DE AULA - DOCENTE: ______________________________
TURMA: 6°. Ano – Fundamental II

AULA: 19 - TEMA: Programando o COMPMAT para resolver problemas - DURAÇÃO TOTAL: 45 minutos

OBJETIVO: Resolver problemas com medidas de comprimento usando o COMPMAT (BNCC EF06MA24).

ATIVIDADE	DURAÇÃO (MIN)	PROCEDIMENTO	RECURSOS	MATERIAL APOIO
Recapitulando a aula anterior	5 minutos	Recorde os pontos essenciais do encontro anterior e peça para os alunos compartilharem suas principais descobertas da atividade proposta.		
Programando o COMPMAT	35 minutos	Divida os alunos em grupos e peça para eles descreverem uma sequência de comandos para resolver uma lista de problemas de medidas de comprimento usando o COMPMAT e a metodologia para resolução de problemas. Feito isso, peça para cada grupo demonstrar a solução de um problema usando o COMPMAT.	COMPMAT Anexo 9.6 Anexo 10.1	Livro Introdução à Programação e ao Pensamento Computacional – Severino Paiva – Editora LCM – Capítulo 1, 2, 3, 4 e 15 Vídeo: https://youtu.be/NU0cc2Jvxzg
Pesquisando no seu cotidiano	5 minutos	Proponha uma atividade para casa: peça para os alunos levarem um problema para casa e para fazerem um programa para o COMPMAT resolver este problema. Peça para trazerem suas soluções na próxima aula.		

PLANO DE AULA - DOCENTE: ______________________________
TURMA: 6º. Ano – Fundamental II

AULA: 20 - TEMA: Programando o COMPMAT para resolver problemas - DURAÇÃO TOTAL: 45 minutos

OBJETIVO: Resolver problemas com medidas de capacidade usando o COMPMAT (EF06MA24).

ATIVIDADE	DURAÇÃO (MIN)	PROCEDIMENTO	RECURSOS	MATERIAL APOIO
Recapitulando a aula anterior	5 minutos	Recorde os pontos essenciais do encontro anterior e peça para os alunos compartilharem suas principais descobertas da atividade proposta.		
Programando o COMPMAT	35 minutos	Divida os alunos em grupos e peça para eles descreverem uma sequência de comandos para resolver uma lista de problemas de medidas de capacidade usando o COMPMAT e a metodologia para resolução de problemas. Feito isso, peça para cada grupo demonstrar a solução de um problema usando o COMPMAT.	COMPMAT Anexo 9.8 Anexo 10.1	Livro Introdução à Programação e ao Pensamento Computacional – Severino Paiva – Editora LCM – Capítulo 1, 2, 3, 4 e 15 Vídeo: https://youtu.be/NU0c-c2Jvxzg
Pesquisando no seu cotidiano	5 minutos	Proponha uma atividade para casa: peça para os alunos levarem um problema para casa e para fazerem um programa para o COMPMAT resolver este problema. Peça para trazerem suas soluções na próxima aula.		

PLANO DE AULA - DOCENTE: ______________________________
TURMA: 6°. Ano – Fundamental II

AULA: 21 - TEMA: Programando o COMPMAT para resolver problemas - DURAÇÃO TOTAL: 45 minutos

OBJETIVO: Resolver problemas com medidas de tempo usando o COMPMAT (BNCC EF06MA24).

ATIVIDADE	DURAÇÃO (MIN)	PROCEDIMENTO	RECURSOS	MATERIAL APOIO
Recapitulando a aula anterior	5 minutos	Recorde os pontos essenciais do encontro anterior e peça para os alunos compartilharem suas principais descobertas da atividade proposta.		
Programando o COMPMAT	35 minutos	Divida os alunos em grupos e peça para eles descreverem uma sequência de comandos para resolver uma lista de problemas de medidas de tempo usando o COMPMAT e a metodologia para resolução de problemas. Feito isso, peça para cada grupo demonstrar a solução de um problema usando o COMPMAT.	COMPMAT Anexo 9.13 Anexo 10.1	Livro Introdução à Programação e ao Pensamento Computacional – Severino Paiva – Editora LCM – Capítulo 1, 2, 3, 4 e 15 Vídeo: https://youtu.be/NU0c-c2Jvxzg
Pesquisando no seu cotidiano	5 minutos	Proponha uma atividade para casa: peça para os alunos levarem um problema para casa e para fazerem um programa para o COMPMAT resolver este problema. Peça para trazerem suas soluções na próxima aula.		

PLANO DE AULA - DOCENTE: ______________________________
TURMA: 6º. Ano – Fundamental II

AULA: 22 - TEMA: Programando o COMPMAT para resolver problemas - DURAÇÃO TOTAL: 45 minutos

OBJETIVO: Resolver problemas envolvendo probabilidade usando o COMPMAT (BNCC EF06MA30).

ATIVIDADE	DURAÇÃO (MIN)	PROCEDIMENTO	RECURSOS	MATERIAL APOIO
Recapitulando a aula anterior	5 minutos	Recorde os pontos essenciais do encontro anterior e peça para os alunos compartilharem suas principais descobertas da atividade proposta.		
Programando o COMPMAT	35 minutos	Divida os alunos em grupos e peça para eles descreverem uma sequência de comandos para resolver uma lista de problemas envolvendo probabilidade usando o COMPMAT e a metodologia para resolução de problemas. Feito isso, peça para cada grupo demonstrar a solução de um problema usando o COMPMAT.	COMPMAT Anexo 9.14 Anexo 10.1	Livro Introdução à Programação e ao Pensamento Computacional – Severino Paiva – Editora LCM – Capítulo 1, 2, 3, 4 e 15 Vídeo: https://youtu.be/NU0c-c2Jvxzg
Pesquisando no seu cotidiano	5 minutos	Proponha uma atividade para casa: peça para os alunos levarem um problema para casa e para fazerem um programa para o COMPMAT resolver este problema. Peça para trazerem suas soluções na próxima aula.		

6.2.7 - Aulas Específicas – 7°. Ano – Fundamental II

PLANO DE AULA - DOCENTE: ______________________________
TURMA: 7°. Ano – Fundamental II

AULA: 16 - TEMA: Programando o COMPMAT para resolver problemas - DURAÇÃO TOTAL: 45 minutos

OBJETIVO: Resolver problemas envolvendo operações aritméticas usando o COMPMAT (BNCC EF07MA03, EF07MA04, EF07MA11, EF07MA12).

ATIVIDADE	DURAÇÃO (MIN)	PROCEDIMENTO	RECURSOS	MATERIAL APOIO
Recapitulando a aula anterior	5 minutos	Recorde os pontos essenciais do encontro anterior e peça para os alunos compartilharem suas principais descobertas da atividade proposta.		
Programando o COMPMAT	35 minutos	Divida os alunos em grupos e peça para eles descreverem uma sequência de comandos para resolver uma lista de problemas envolvendo operações aritméticas, usando o COMPMAT e a metodologia para resolução de problemas. Feito isso, peça para cada grupo demonstrar a solução de um problema usando o COMPMAT.	COMPMAT Anexos 9.2 e 9.3 Anexo 10.1	Livro Introdução à Programação e ao Pensamento Computacional – Severino Paiva – Editora LCM – Capítulo 1, 2, 3, 4 e 15 Vídeo: https://youtu.be/NU0c-c2Jvxzg
Pesquisando no seu cotidiano	5 minutos	Proponha uma atividade para casa: peça para os alunos levarem um problema para casa e para fazerem um programa para o COMPMAT resolver este problema. Peça para trazerem suas soluções na próxima aula.		

PLANO DE AULA - DOCENTE: ______________________________
TURMA: 7°. Ano – Fundamental II

AULA: 17 - TEMA: Programando o COMPMAT para resolver problemas - DURAÇÃO TOTAL: 45 minutos

OBJETIVO: Resolver problemas envolvendo múltiplos e divisores usando o COMPMAT (BNCC EF07MA01).

ATIVIDADE	DURAÇÃO (MIN)	PROCEDIMENTO	RECURSOS	MATERIAL APOIO
Recapitulando a aula anterior	5 minutos	Recorde os pontos essenciais do encontro anterior e peça para os alunos compartilharem suas principais descobertas da atividade proposta.		
Programando o COMPMAT	35 minutos	Divida os alunos em grupos e peça para eles descreverem uma sequência de comandos para resolver uma lista de problemas envolvendo múltiplos e divisores, usando o COMPMAT e a metodologia para resolução de problemas. Feito isso, peça para cada grupo demonstrar a solução de um problema usando o COMPMAT.	COMPMAT Anexo 9.11 Anexo 10.1	Livro Introdução à Programação e ao Pensamento Computacional – Severino Paiva – Editora LCM – Capítulo 1, 2, 3, 4 e 15 Vídeo: https://youtu.be/NU0cc2Jvxzg
Pesquisando no seu cotidiano	5 minutos	Proponha uma atividade para casa: peça para os alunos levarem um problema para casa e para fazerem um programa para o COMPMAT resolver este problema. Peça para trazerem suas soluções na próxima aula.		

PLANO DE AULA - DOCENTE: ______________________________
TURMA: 7°. Ano – Fundamental II

AULA: 18 - TEMA: Programando o COMPMAT para resolver problemas - DURAÇÃO TOTAL: 45 minutos

OBJETIVO: Resolver problemas com números fracionários usando o COMPMAT (EF07MA05, EF07MA06, EF07MA1, EF07MA12).

ATIVIDADE	DURAÇÃO (MIN)	PROCEDIMENTO	RECURSOS	MATERIAL APOIO
Recapitulando a aula anterior	5 minutos	Recorde os pontos essenciais do encontro anterior e peça para os alunos compartilharem suas principais descobertas da atividade proposta.		
Programando o COMPMAT	35 minutos	Divida os alunos em grupos e peça para eles descreverem uma sequência de comandos para resolver uma lista de problemas envolvendo números fracionários o COMPMAT e a metodologia para resolução de problemas. Feito isso, peça para cada grupo demonstrar a solução de um problema usando o COMPMAT.	COMPMAT Anexo 9.3 Anexo 10.1	Livro Introdução à Programação e ao Pensamento Computacional - Severino Paiva – Editora LCM – Capítulo 1, 2, 3, 4 e 15 Vídeo: https://youtu.be/NU0c-c2Jvxzg
Pesquisando no seu cotidiano	5 minutos	Proponha uma atividade para casa: peça para os alunos levarem um problema para casa e para fazerem um programa para o COMPMAT resolver este problema. Peça para trazerem suas soluções na próxima aula.		

PLANO DE AULA - DOCENTE: ______________________________
TURMA: 7°. Ano – Fundamental II

AULA: 19 - TEMA: Programando o COMPMAT para resolver problemas - DURAÇÃO TOTAL: 45 minutos

OBJETIVO: Resolver problemas com porcentagem usando o COMPMAT (BNCC EF07MA02).

ATIVIDADE	DURAÇÃO (MIN)	PROCEDIMENTO	RECURSOS	MATERIAL APOIO
Recapitulando a aula anterior	5 minutos	Recorde os pontos essenciais do encontro anterior e peça para os alunos compartilharem suas principais descobertas da atividade proposta.		
Programando o COMPMAT	35 minutos	Divida os alunos em grupos e peça para eles descreverem uma sequência de comandos para resolver uma lista de problemas de porcentagem usando o COMPMAT e a metodologia para resolução de problemas. Feito isso, peça para cada grupo demonstrar a solução de um problema usando o COMPMAT.	COMPMAT Anexo 9.9 Anexo 10.1	Livro Introdução à Programação e ao Pensamento Computacional – Severino Paiva – Editora LCM – Capítulo 1, 2, 3, 4 e 15 Vídeo: https://youtu.be/NU0cc2Jvxzg
Pesquisando no seu cotidiano	5 minutos	Proponha uma atividade para casa: peça para os alunos levarem um problema para casa e para fazerem um programa para o COMPMAT resolver este problema. Peça para trazerem suas soluções na próxima aula.		

PLANO DE AULA - DOCENTE: ______________________________
TURMA: 7°. Ano – Fundamental II

AULA: 20 - TEMA: Programando o COMPMAT para resolver problemas - DURAÇÃO TOTAL: 45 minutos

OBJETIVO: Resolver problemas com medidas de volume e capacidade usando o COMPMAT (BNCC EF07MA29 e EF07MA30).

ATIVIDADE	DURAÇÃO (MIN)	PROCEDIMENTO	RECURSOS	MATERIAL APOIO
Recapitulando a aula anterior	5 minutos	Recorde os pontos essenciais do encontro anterior e peça para os alunos compartilharem suas principais descobertas da atividade proposta.		
Programando o COMPMAT	35 minutos	Divida os alunos em grupos e peça para eles descreverem uma sequência de comandos para resolver uma lista de problemas de medidas de volume e capacidade usando o COMPMAT e a metodologia para resolução de problemas. Feito isso, peça para cada grupo demonstrar a solução de um problema usando o COMPMAT.	COMPMAT Anexo 9.8 Anexo 10.1	Livro Introdução à Programação e ao Pensamento Computacional – Severino Paiva – Editora LCM – Capítulo 1, 2, 3, 4 e 15 Vídeo: https://youtu.be/NU0c-c2Jvxzg
Pesquisando no seu cotidiano	5 minutos	Proponha uma atividade para casa: peça para os alunos levarem um problema para casa e para fazerem um programa para o COMPMAT resolver este problema. Peça para trazerem suas soluções na próxima aula.		

PLANO DE AULA - DOCENTE: ____________________________
TURMA: 7°. Ano – Fundamental II

AULA: 21 - TEMA: Programando o COMPMAT para resolver problemas - DURAÇÃO TOTAL: 45 minutos

OBJETIVO: Resolver problemas com cálculo de áreas de figuras planas usando o COMPMAT (BNCC EF07MA31, EF07MA32, EF07MA33).

ATIVIDADE	DURAÇÃO (MIN)	PROCEDIMENTO	RECURSOS	MATERIAL APOIO
Recapitulando a aula anterior	5 minutos	Recorde os pontos essenciais do encontro anterior e peça para os alunos compartilharem suas principais descobertas da atividade proposta.		
Programando o COMPMAT	35 minutos	Divida os alunos em grupos e peça para eles descreverem uma sequência de comandos para resolver uma lista de problemas de medidas de tempo usando o COMPMAT e a metodologia para resolução de problemas. Feito isso, peça para cada grupo demonstrar a solução de um problema usando o COMPMAT.	COMPMAT Anexo 9.5 Anexo 10.1	Livro Introdução à Programação e ao Pensamento Computacional – Severino Paiva – Editora LCM – Capítulo 1, 2, 3, 4 e 15 Vídeo: https://youtu.be/NU0c-c2Jvxzg
Pesquisando no seu cotidiano	5 minutos	Proponha uma atividade para casa: peça para os alunos levarem um problema para casa e para fazerem um programa para o COMPMAT resolver este problema. Peça para trazerem suas soluções na próxima aula.		

PLANO DE AULA - DOCENTE: ______________________________
TURMA: 7°. Ano – Fundamental II

AULA:22 - TEMA: Programando o COMPMAT para resolver problemas - DURAÇÃO TOTAL: 45 minutos

OBJETIVO: Resolver problemas envolvendo probabilidade e estatística usando o COMPMAT (BNCC EF07MA34, EF07MA35).

ATIVIDADE	DURAÇÃO (MIN)	PROCEDIMENTO	RECURSOS	MATERIAL APOIO
Recapitulando a aula anterior	5 minutos	Recorde os pontos essenciais do encontro anterior e peça para os alunos compartilharem suas principais descobertas da atividade proposta.		
Programando o COMPMAT	35 minutos	Divida os alunos em grupos e peça para eles descreverem uma sequência de comandos para resolver uma lista de problemas envolvendo probabilidade e estatística usando o COMPMAT e a metodologia para resolução de problemas. Feito isso, peça para cada grupo demonstrar a solução de um problema usando o COMPMAT.	COMPMAT Anexo 9.14 Anexo 10.1	Livro Introdução à Programação e ao Pensamento Computacional - Severino Paiva - Editora LCM - Capítulo 1, 2, 3, 4 e 15 Vídeo: https://youtu.be/NU0c-c2Jvxzg
Pesquisando no seu cotidiano	5 minutos	Proponha uma atividade para casa: peça para os alunos levarem um problema para casa e para fazerem um programa para o COMPMAT resolver este problema. Peça para trazerem suas soluções na próxima aula.		

6.2.8- Aulas Específicas – 8º. Ano – Fundamental Ii

PLANO DE AULA - DOCENTE: ______________________________
TURMA: 8º. Ano – Fundamental II

AULA: 16 - TEMA: Programando o COMPMAT para resolver problemas - DURAÇÃO TOTAL: 45 minutos

OBJETIVO: Resolver problemas envolvendo potenciação e radiciação usando o COMPMAT (BNCC EF08MA02).

ATIVIDADE	DURAÇÃO (MIN)	PROCEDIMENTO	RECURSOS	MATERIAL APOIO
Recapitulando a aula anterior	5 minutos	Recorde os pontos essenciais do encontro anterior e peça para os alunos compartilharem suas principais descobertas da atividade proposta.		
Programando o COMPMAT	35 minutos	Divida os alunos em grupos e peça para eles descreverem uma sequência de comandos para resolver uma lista de problemas envolvendo potenciação e radiciação, usando o COMPMAT e a metodologia para resolução de problemas. Feito isso, peça para cada grupo demonstrar a solução de um problema usando o COMPMAT.	COMPMAT Anexo 9.17 Anexo 10.1	Livro Introdução à Programação e ao Pensamento Computacional – Severino Paiva – Editora LCM – Capítulo 1, 2, 3, 4 e 15 Vídeo: https://youtu.be/NU0c-c2Jvxzg
Pesquisando no seu cotidiano	5 minutos	Proponha uma atividade para casa: peça para os alunos levarem um problema para casa e para fazerem um programa para o COMPMAT resolver este problema. Peça para trazerem suas soluções na próxima aula.		

PLANO DE AULA - DOCENTE: ______________________________
TURMA: 8º. Ano – Fundamental II

AULA: 17 - TEMA: Programando o COMPMAT para resolver problemas - DURAÇÃO TOTAL: 45 minutos

OBJETIVO: Resolver problemas envolvendo porcentagem usando o COMPMAT (BNCC EF08MA04).

ATIVIDADE	DURAÇÃO (MIN)	PROCEDIMENTO	RECURSOS	MATERIAL APOIO
Recapitulando a aula anterior	5 minutos	Recorde os pontos essenciais do encontro anterior e peça para os alunos compartilharem suas principais descobertas da atividade proposta.		
Programando o COMPMAT	35 minutos	Divida os alunos em grupos e peça para eles descreverem uma sequência de comandos para resolver uma lista de problemas envolvendo área de figuras planas (quadrado, retângulo, círculo) usando o COMPMAT e a metodologia para resolução de problemas. Feito isso, peça para cada grupo demonstrar a solução de um problema usando o COMPMAT.	COMPMAT Anexo 9.9 Anexo 10.1	Livro Introdução à Programação e ao Pensamento Computacional – Severino Paiva – Editora LCM – Capítulo 1, 2, 3, 4 e 15 Vídeo: https://youtu.be/NU0cc2Jvxzg
Pesquisando no seu cotidiano	5 minutos	Proponha uma atividade para casa: peça para os alunos levarem um problema para casa e para fazerem um programa para o COMPMAT resolver este problema. Peça para trazerem suas soluções na próxima aula.		

PLANO DE AULA - DOCENTE: ______________________________
TURMA: 8º. Ano – Fundamental II

AULA: 18 - TEMA: Programando o COMPMAT para resolver problemas - DURAÇÃO TOTAL: 45 minutos

OBJETIVO: Resolver problemas envolvendo área de figuras planas usando o COMPMAT (BNCC EF08MA19).

ATIVIDADE	DURAÇÃO (MIN)	PROCEDIMENTO	RECURSOS	MATERIAL APOIO
Recapitulando a aula anterior	5 minutos	Recorde os pontos essenciais do encontro anterior e peça para os alunos compartilharem suas principais descobertas da atividade proposta.		
Programando o COMPMAT	35 minutos	Divida os alunos em grupos e peça para eles descreverem uma sequência de comandos para resolver uma lista de problemas envolvendo área de figuras planas (quadrado, retângulo e círculo) usando o COMPMAT e a metodologia para resolução de problemas. Feito isso, peça para cada grupo demonstrar a solução de um problema usando o COMPMAT.	COMPMAT Anexo 9.5 Anexo 10.1	Livro Introdução à Programação e ao Pensamento Computacional – Severino Paiva – Editora LCM – Capítulo 1, 2, 3, 4 e 15 Vídeo: https://youtu.be/NU0cc2Jvxzg
Pesquisando no seu cotidiano	5 minutos	Proponha uma atividade para casa: peça para os alunos levarem um problema para casa e para fazerem um programa para o COMPMAT resolver este problema. Peça para trazerem suas soluções na próxima aula.		

PLANO DE AULA - DOCENTE: ______________________________

TURMA: 8º. Ano – Fundamental II

AULA: 19 - TEMA: Programando o COMPMAT para resolver problemas - DURAÇÃO TOTAL: 45 minutos

OBJETIVO: Resolver problemas envolvendo área de figuras planas usando o COMPMAT (BNCC EF08MA19).

ATIVIDADE	DURAÇÃO (MIN)	PROCEDIMENTO	RECURSOS	MATERIAL APOIO
Recapitulando a aula anterior	5 minutos	Recorde os pontos essenciais do encontro anterior e peça para os alunos compartilharem suas principais descobertas da atividade proposta.		
Programando o COMPMAT	35 minutos	Divida os alunos em grupos e peça para eles descreverem uma sequência de comandos para resolver uma lista de problemas envolvendo área de figuras planas (triângulo, trapézio, e losango) usando o COMPMAT e a metodologia para resolução de problemas. Feito isso, peça para cada grupo demonstrar a solução de um problema usando o COMPMAT.	COMPMAT Anexo 9.5 Anexo 10.1	Livro Introdução à Programação e ao Pensamento Computacional – Severino Paiva – Editora LCM – Capítulo 1, 2, 3, 4 e 15 Vídeo: https://youtu.be/NU0c-c2Jvxzg
Pesquisando no seu cotidiano	5 minutos	Proponha uma atividade para casa: peça para os alunos levarem um problema para casa e para fazerem um programa para o COMPMAT resolver este problema. Peça para trazerem suas soluções na próxima aula.		

PLANO DE AULA - DOCENTE: ______________________________
TURMA: 8º. Ano – Fundamental II

AULA: 20 - TEMA: Programando o COMPMAT para resolver problemas - DURAÇÃO TOTAL: 45 minutos

OBJETIVO: Resolver problemas envolvendo o cálculo de volume usando o COMPMAT (BNCC EF08MA21).

ATIVIDADE	DURAÇÃO (MIN)	PROCEDIMENTO	RECURSOS	MATERIAL APOIO
Recapitulando a aula anterior	5 minutos	Recorde os pontos essenciais do encontro anterior e peça para os alunos compartilharem suas principais descobertas da atividade proposta.		
Programando o COMPMAT	35 minutos	Divida os alunos em grupos e peça para eles descreverem uma sequência de comandos para resolver uma lista de problemas envolvendo volume, usando o COMPMAT e a metodologia para resolução de problemas. Feito isso, peça para cada grupo demonstrar a solução de um problema usando o COMPMAT.	COMPMAT Anexo 9.8 Anexo 10.1	Livro Introdução à Programação e ao Pensamento Computacional – Severino Paiva – Editora LCM – Capítulo 1, 2, 3, 4 e 15 Vídeo: https://youtu.be/NU0c-c2Jvxzg
Pesquisando no seu cotidiano	5 minutos	Proponha uma atividade para casa: peça para os alunos levarem um problema para casa e para fazerem um programa para o COMPMAT resolver este problema. Peça para trazerem suas soluções na próxima aula.		

PLANO DE AULA - DOCENTE: ______________________________
TURMA: 8°. Ano – Fundamental II

AULA: 21 - TEMA: Programando o COMPMAT para resolver problemas - DURAÇÃO TOTAL: 45 minutos

OBJETIVO: Resolver problemas envolvendo medidas estatísticas centrais usando o COMPMAT (BNCC EF08MA25).

ATIVIDADE	DURAÇÃO (MIN)	PROCEDIMENTO	RECURSOS	MATERIAL APOIO
Recapitulando a aula anterior	5 minutos	Recorde os pontos essenciais do encontro anterior e peça para os alunos compartilharem suas principais descobertas da atividade proposta.		
Programando o COMPMAT	35 minutos	Divida os alunos em grupos e peça para eles descreverem uma sequência de comandos para resolver uma lista de problemas de medidas estatísticas centrais usando o COMPMAT e a metodologia para resolução de problemas. Feito isso, peça para cada grupo demonstrar a solução de um problema usando o COMPMAT.	COMPMAT Anexo 9.14 Anexo 10.1	Livro Introdução à Programação e ao Pensamento Computacional – Severino Paiva – Editora LCM – Capítulo 1, 2, 3, 4 e 15 Vídeo: https://youtu.be/NU0c-c2Jvxzg
Pesquisando no seu cotidiano	5 minutos	Proponha uma atividade para casa: peça para os alunos levarem um problema para casa e para fazerem um programa para o COMPMAT resolver este problema. Peça para trazerem suas soluções na próxima aula.		

PLANO DE AULA - DOCENTE: ______________________________
TURMA: 8°. Ano – Fundamental II

AULA: 22 - TEMA: Programando o COMPMAT para resolver problemas - DURAÇÃO TOTAL: 45 minutos

OBJETIVO: Resolver problemas envolvendo sequências numéricas usando o COMPMAT (BNCC EF08MA10 e EF08MA11).

ATIVIDADE	DURAÇÃO (MIN)	PROCEDIMENTO	RECURSOS	MATERIAL APOIO
Recapitulando a aula anterior	5 minutos	Recorde os pontos essenciais do encontro anterior e peça para os alunos compartilharem suas principais descobertas da atividade proposta.		
Programando o COMPMAT	35 minutos	Divida os alunos em grupos e peça para eles desenvolverem algoritmos para resolver uma lista de problemas envolvendo sequências numéricas usando o COMPMAT e a metodologia para resolução de problemas. Feito isso, peça para cada grupo demonstrar a solução de um problema usando o COMPMAT.	COMPMAT Anexo 9.16 Anexo 10.1	Livro Introdução à Programação e ao Pensamento Computacional – Severino Paiva – Editora LCM – Capítulo 1, 2, 3, 4 e 15 Vídeo: https://youtu.be/NU0c-c2Jvxzg
Pesquisando no seu cotidiano	5 minutos	Proponha uma atividade para casa: peça para os alunos levarem um problema para casa e para fazerem um programa para o COMPMAT resolver este problema. Peça para trazerem suas soluções na próxima aula.		

6.2.9 - Aulas Específicas – 9°. Ano – Fundamental II

PLANO DE AULA - DOCENTE: ______________________________
TURMA: 9°. Ano – Fundamental II

AULA: 16 - TEMA: Programando o COMPMAT para resolver problemas - DURAÇÃO TOTAL: 45 minutos

OBJETIVO: Resolver problemas envolvendo potenciação e radiciação usando o COMPMAT (BNCC EF04MA03).

ATIVIDADE	DURAÇÃO (MIN)	PROCEDIMENTO	RECURSOS	MATERIAL APOIO
Recapitulando a aula anterior	5 minutos	Recorde os pontos essenciais do encontro anterior e peça para os alunos compartilharem suas principais descobertas da atividade proposta.		
Programando o COMPMAT	35 minutos	Divida os alunos em grupos e peça para eles descreverem uma sequência de comandos para resolver uma lista de problemas envolvendo potenciação e radiciação, usando o COMPMAT e a metodologia para resolução de problemas. Feito isso, peça para cada grupo demonstrar a solução de um problema usando o COMPMAT.	COMPMAT Anexo 9.15 Anexo 10.1	Livro Introdução à Programação e ao Pensamento Computacional – Severino Paiva – Editora LCM – Capítulo 1, 2, 3, 4 e 15 Vídeo: https://youtu.be/NU0cc2Jvxzg
Pesquisando no seu cotidiano	5 minutos	Proponha uma atividade para casa: peça para os alunos levarem um problema para casa e para fazerem um programa para o COMPMAT resolver este problema. Peça para trazerem suas soluções na próxima aula.		

PLANO DE AULA - DOCENTE: ___________________________
TURMA: 9°. Ano – Fundamental II

AULA: 17 - TEMA: Programando o COMPMAT para resolver problemas - DURAÇÃO TOTAL: 45 minutos

OBJETIVO: Resolver problemas envolvendo porcentagem usando o COMPMAT (BNCC EF09MA05).

ATIVIDADE	DURAÇÃO (MIN)	PROCEDIMENTO	RECURSOS	MATERIAL APOIO
Recapitulando a aula anterior	5 minutos	Recorde os pontos essenciais do encontro anterior e peça para os alunos compartilharem suas principais descobertas da atividade proposta.		
Programando o COMPMAT	35 minutos	Divida os alunos em grupos e peça para eles descreverem uma sequência de comandos para resolver uma lista de problemas envolvendo área de figuras planas (quadrado, retângulo, círculo) usando o COMPMAT e a metodologia para resolução de problemas. Feito isso, peça para cada grupo demonstrar a solução de um problema usando o COMPMAT.	COMPMAT Anexo 9.9 Anexo 10.1	Livro Introdução à Programação e ao Pensamento Computacional – Severino Paiva – Editora LCM – Capítulo 1, 2, 3, 4 e 15 Vídeo: https://youtu.be/NU0c-c2Jvxzg
Pesquisando no seu cotidiano	5 minutos	Proponha uma atividade para casa: peça para os alunos levarem um problema para casa e para fazerem um programa para o COMPMAT resolver este problema. Peça para trazerem suas soluções na próxima aula.		

PLANO DE AULA - DOCENTE: ______________________________
TURMA: 9°. Ano – Fundamental II

AULA: 18 - TEMA: Programando o COMPMAT para resolver problemas - DURAÇÃO TOTAL: 45 minutos

OBJETIVO: Resolver problemas envolvendo medidas de armazenamento de computadores usando o COMPMAT (BNCC EF09MA18).

ATIVIDADE	DURAÇÃO (MIN)	PROCEDIMENTO	RECURSOS	MATERIAL APOIO
Recapitulando a aula anterior	5 minutos	Recorde os pontos essenciais do encontro anterior e peça para os alunos compartilharem suas principais descobertas da atividade proposta.		
Programando o COMPMAT	35 minutos	Divida os alunos em grupos e peça para eles descreverem uma sequência de comandos para resolver uma lista de problemas envolvendo medidas de armazenamento de computadores usando o COMPMAT e a metodologia para resolução de problemas. Feito isso, peça para cada grupo demonstrar a solução de um problema usando o COMPMAT.	COMPMAT Anexo 9.12 Anexo 10.1	Livro Introdução à Programação e ao Pensamento Computacional – Severino Paiva – Editora LCM – Capítulo 1, 2, 3, 4 e 15 Vídeo: https://youtu.be/NU0cc2Jvxzg
Pesquisando no seu cotidiano	5 minutos	Proponha uma atividade para casa: peça para os alunos levarem um problema para casa e para fazerem um programa para o COMPMAT resolver este problema. Peça para trazerem suas soluções na próxima aula.		

PLANO DE AULA - DOCENTE: ______________________________
TURMA: 9º. Ano – Fundamental II

AULA: 19 - TEMA: Programando o COMPMAT para resolver problemas - DURAÇÃO TOTAL: 45 minutos

OBJETIVO: Resolver problemas envolvendo probabilidade usando o COMPMAT (BNCC EF09MA20).

ATIVIDADE	DURAÇÃO (MIN)	PROCEDIMENTO	RECURSOS	MATERIAL APOIO
Recapitulando a aula anterior	5 minutos	Recorde os pontos essenciais do encontro anterior e peça para os alunos compartilharem suas principais descobertas da atividade proposta.		
Programando o COMPMAT	35 minutos	Divida os alunos em grupos e peça para eles descreverem uma sequência de comandos para resolver uma lista de problemas de probabilidade usando o COMPMAT e a metodologia para resolução de problemas. Feito isso, peça para cada grupo demonstrar a solução de um problema usando o COMPMAT.	COMPMAT Anexo 9.14 Anexo 10.1	Livro Introdução à Programação e ao Pensamento Computacional – Severino Paiva – Editora LCM – Capítulo 1, 2, 3, 4 e 15 Vídeo: https://youtu.be/NU0c-c2Jvxzg
Pesquisando no seu cotidiano	5 minutos	Proponha uma atividade para casa: peça para os alunos levarem um problema para casa e para fazerem um programa para o COMPMAT resolver este problema. Peça para trazerem suas soluções na próxima aula.		

PLANO DE AULA - DOCENTE: ______________________________
TURMA: 9°. Ano – Fundamental II

AULA: 20 - TEMA: Programando o COMPMAT para resolver problemas - DURAÇÃO TOTAL: 45 minutos

OBJETIVO: Resolver problemas envolvendo probabilidade e estatística usando o COMPMAT (BNCC EF09MA22, EF09MA23).

ATIVIDADE	DURAÇÃO (MIN)	PROCEDIMENTO	RECURSOS	MATERIAL APOIO
Recapitulando a aula anterior	5 minutos	Recorde os pontos essenciais do encontro anterior e peça para os alunos compartilharem suas principais descobertas da atividade proposta.		
Programando o COMPMAT	35 minutos	Divida os alunos em grupos e peça para eles descreverem uma sequência de comandos para resolver uma lista de problemas de probabilidade e estatística, como o cálculo de medidas centrais (média, moda e mediana) usando o COMPMAT e a metodologia para resolução de problemas. Feito isso, peça para cada grupo demonstrar a solução de um problema usando o COMPMAT.	COMPMAT Anexo 9.14 Anexo 10.1	Livro Introdução à Programação e ao Pensamento Computacional – Severino Paiva – Editora LCM – Capítulo 1, 2, 3, 4 e 15 Vídeo: https://youtu.be/NU0c-c2Jvxzg
Pesquisando no seu cotidiano	5 minutos	Proponha uma atividade para casa: peça para os alunos levarem um problema para casa e para fazerem um programa para o COMPMAT resolver este problema. Peça para trazerem suas soluções na próxima aula.		

PLANO DE AULA - DOCENTE: ______________________________
TURMA: 9º. Ano – Fundamental II

AULA: 21 - TEMA: Programando o COMPMAT para resolver problemas - DURAÇÃO TOTAL: 45 minutos

OBJETIVO: Resolver problemas envolvendo triângulos usando o COMPMAT (EF09MA12, EF09MA13, EF09MA14).

ATIVIDADE	DURAÇÃO (MIN)	PROCEDIMENTO	RECURSOS	MATERIAL APOIO
Recapitulando a aula anterior	5 minutos	Recorde os pontos essenciais do encontro anterior e peça para os alunos compartilharem suas principais descobertas da atividade proposta.		
Programando o COMPMAT	35 minutos	Divida os alunos em grupos e peça para eles descreverem uma sequência de comandos para resolver uma lista de problemas de triângulos usando o COMPMAT e a metodologia para resolução de problemas. Feito isso, peça para cada grupo demonstrar a solução de um problema usando o COMPMAT.	COMPMAT Anexo 9.5 Anexo 10.1	Livro Introdução à Programação e ao Pensamento Computacional – Severino Paiva – Editora LCM – Capítulo 1, 2, 3, 4 e 15 Vídeo: https://youtu.be/NU0cc2Jvxzg
Pesquisando no seu cotidiano	5 minutos	Proponha uma atividade para casa: peça para os alunos levarem um problema para casa e para fazerem um programa para o COMPMAT resolver este problema. Peça para trazerem suas soluções na próxima aula.		

PLANO DE AULA - DOCENTE: ______________________________
TURMA: 9°. Ano – Fundamental II

AULA: 22 - TEMA: Programando o COMPMAT para resolver problemas - DURAÇÃO TOTAL: 45 minutos

OBJETIVO: Resolver problemas envolvendo volume de prismas e cilindros usando o COMPMAT (EF09MA19).

ATIVIDADE	DURAÇÃO (MIN)	PROCEDIMENTO	RECURSOS	MATERIAL APOIO
Recapitulando a aula anterior	5 minutos	Recorde os pontos essenciais do encontro anterior e peça para os alunos compartilharem suas principais descobertas da atividade proposta.		
Programando o COMPMAT	35 minutos	Divida os alunos em grupos e peça para eles descreverem uma sequência de comandos para resolver uma lista de problemas envolvendo o volume de prismas e cilindros usando o COMPMAT e a metodologia para resolução de problemas. Feito isso, peça para cada grupo demonstrar a solução de um problema usando o COMPMAT.	COMPMAT ANEXO 9.8 Anexo 10.1	Livro Introdução à Programação e ao Pensamento Computacional – Severino Paiva – Editora LCM – Capítulo 1, 2, 3, 4 e 15 Vídeo: https://youtu.be/NU0c-c2Jvxzg
Pesquisando no seu cotidiano	5 minutos	Proponha uma atividade para casa: peça para os alunos levarem um problema para casa e para fazerem um programa para o COMPMAT resolver este problema. Peça para trazerem suas soluções na próxima aula.		

6.3 - Parte III – Atividades Finais Comuns A Todas As Turmas

PLANO DE AULA - DOCENTE: ______________________________
TURMA: __________________

AULAS: 23-26 - TEMA: Colocando a mão na massa – parte I - DURAÇÃO TOTAL: 180 minutos

OBJETIVO: Desenvolver material didático instrucional para o ensino de Pensamento Computacional.

ATIVIDADE	DURAÇÃO (MIN)	PROCEDIMENTO	RECURSOS	MATERIAL APOIO
Sensibilização	20 minutos	Criar um clima no qual a turma entenda a importância das contribuições de cada um para o processo de construção de uma educação de qualidade.		
Mão na massa	120 minutos	Divida os alunos em grupos e proponha que eles usem a criatividade para desenvolver materiais didáticos e atividades para as futuras turmas de Pensamento Computacional. Feito isso, peça para cada grupo apresentar as suas ideias para os demais, demonstrando a utilização prática das suas propostas.	Caixas de papelão, cola branca, papel ofício, latas usadas, fita adesiva, tesoura, pincel atômico (azul, vermelho e preto), isopor	Livro Introdução à Programação e ao Pensamento Computacional – Severino Paiva – Editora LCM – Capítulo 15
Avaliação	40 minutos	Faça um momento de autoavaliação das propostas, onde cada equipe faz a avaliação dos pontos positivos e negativos das suas contribuições. Proponha uma votação secreta para escolher as 3 melhores ideias. Apresente e estimule a discussão do resultado.		

PLANO DE AULA - DOCENTE: ______________________
TURMA: ______________

AULAS: 27-30 - TEMA: Colocando a mão na massa – Parte II - DURAÇÃO TOTAL: 180 minutos

OBJETIVO: Desenvolver material didático instrucional para o ensino de Pensamento Computacional.

ATIVIDADE	DURAÇÃO (MIN)	PROCEDIMENTO	RECURSOS	MATERIAL APOIO
Sensibilização	20 minutos	Criar um clima no qual a turma entenda a importância das contribuições de cada um para o processo de construção de uma educação de qualidade.		
Mão na massa	120 minutos	Divida os alunos em grupos e proponha que eles usem a criatividade para desenvolver materiais didáticos e atividades para as futuras turmas de Pensamento Computacional. Feito isso, peça para cada grupo apresentar as suas ideias para os demais, demonstrando a utilização prática das suas propostas.	Caixas de papelão, cola branca, papel ofício, latas usadas, fita adesiva, tesoura, pincel atômico (azul, vermelho e preto), isopor	Livro Introdução à Programação e ao Pensamento Computacional – Severino Paiva – Editora LCM – Capítulo 15
Avaliação	40 minutos	Faça um momento de auto avaliação das propostas, onde cada equipe faz a avaliação dos pontos positivos e negativos das suas contribuições. Proponha uma votação secreta para escolher as 3 melhores ideias. Apresente e estimule a discussão do resultado.		

PLANO DE AULA - DOCENTE: ______________________________
TURMA: __________________

AULA: 31-32 - TEMA: Fazendo avaliações sobre o trabalho desenvolvido - DURAÇÃO TOTAL: 90 minutos

OBJETIVO: Trabalhar o processo de avaliação e feedback.

ATIVIDADE	DURAÇÃO (MIN)	PROCEDIMENTO	RECURSOS	MATERIAL APOIO
Autoavaliação	45 minutos	Criar um clima no qual a turma entenda que um momento de avaliação e feedback permite ver o processo construído e o que pode ser melhorado. Abra espaço para que os alunos falem sobre como foram as suas experiências e aprendizagens individuais ao longo da disciplina.		
Avaliação Docente	45 minutos	Fazer uma avaliação da condução da disciplina e dos conteúdos ministrados, realçando os aspectos positivos do trabalho ao longo do período. Mostrar as novas perspectivas que o Pensamento Computacional trazem no âmbito educacional e profissional.		

7

ANEXO I

Exemplos de Atividades que podem Ser Desenvolvidas

Em geral, as atividades propostas voltadas para o ensino de Pensamento Computacional pressupõem que há recursos computacionais disponíveis para a realização das atividades práticas e exercícios. Neste ponto, vamos trabalhar sem esses recursos e com uma boa dose de criatividade para consolidarmos o pensamento computacional e computação desplugada junto aos alunos.

A fundamentação teórica para essas atividades vai estar disponível ao longo dos capítulos do livro texto, Paiva (2021), que conta com vários exercícios que podem complementar os que são propostos aqui.

Essas atividades propostas estão agrupadas em conjuntos por afinidade, estando conectadas às competências/habilidades da BNCC, buscando contribuir com o desenvolvimento das mesmas.

Ressalte-se ainda que cada atividade pode ser utilizada em várias turmas de níveis diferentes do ensino básico.

O(a) docente também pode criar e adaptar as suas atividades a partir das suas próprias experiências.

Atividades Propostas para resolução de Problemas

7.1 - Problemas para Consolidação do Robomat

OBSERVAÇÃO: estes problemas são úteis para trabalhar as habilidades da BNCC: EF01MA11, EF01MA12, EF02MA12,EF02MA13, EF03MA12,EF04MA16, EF05MA14, EF05MA15, EF06MA21, EF-06MA22, EF07MA26, EF07MA28, EF08MA19, EF09MA13, EF-09MA14.

CD01 – Vamos fazer a dinâmica do Robô? Escolha um aluno para ser o robô ou use o ROBOMAT. Trace um caminho no chão a ser trilhado pelo robô, usando as casinhas coloridas ou giz e vamos dar ordens para o robô fazer o percurso correto em várias situações. Essas ordens podem ser: AVANCE 1 Casa, VOLTE 1 Casa, DOBRE à Esquerda, DOBRE à Direita, VIRE, PEGUE Objeto.

CD02 – Chame a atenção dos alunos para o fato que um determinado conjunto de ordens corresponde à solução de alguma situação específica, como por exemplo, chegar na parede do lado direito da sala ou no lado esquerdo. Formalize alguns ALGORITMOS para o ROBOMAT.

CD03 – Vamos movimentar o pocket ROBOMAT no seu tabuleiro? Escreva o ALGORITMO para sair da casa A1 e ir até a casa C8.

CD04 - Escreva o ALGORITMO para sair da casa C8 e ir até a casa F1.

CD05 - Escreva o ALGORITMO para sair da casa F1 e ir até a casa A1;

CD06 - Escreva um algoritmo para levar um objeto partindo da casa A1 até a casa F11;

CD07 – Vamos colocar obstáculos nas casas A,B,D, E e F na coluna 4, fazendo uma parede. Escreva um algoritmo para o pocket ROBOMAT sair de A1 e ir até B8.

CD08 – A partir da casa B4, desenhe um quadrado cujo lado tem comprimento 2 casas.

CD09 – A partir da casa C3, desenhe um retângulo de base 4 e altura 3.

CD10 – Desenhe o maior retângulo que o tabuleiro permitir.

CD11 – Determine o menor caminho entre três pares de células à sua escolha. Desafie um(a) colega para fazer um caminho menor. Pesquise sobre o problema do menor caminho de Dijkstra e apresente aos seus colegas.

CD12 – Introduza obstáculos nos seus percursos e veja se alterou os menores caminhos da atividade CD11.

CD13 – Vamos usar uma caixa de papelão para montarmos o nosso protótipo de computador, o COMPMAT. Escolha um(a) aluno(a) para ser a Unidade de Controle (UC), outro(a) para ser a Unidade Lógica e Aritmética (ULA) (vide seção 1.5). Esses alunos devem ficar na parte de trás da caixa computador. Escolha outro(a) aluno(a) para sinalizar qual a operação que deve ser feita (adição, diferença, produto e divisão) no painel de OPERAÇÃO, colocando o dedo no orifício correspondente à operação desejada. Outro(a) aluno(a) deve repassar os números que vão ser operandos da operação através da anotação em um papel e que deve ser repassado para os alunos que fazem o papel das partes do computador pelo orifício de entrada de dados. Os alunos que simulam o computador vão processar as ENTRADAS e apresentar o resultado pelo orifício de SAÍDA em um papel.

7.2 - Problemas de Adição / Subtração

Voltados para trabalhar preferencialmente as Competências/Habilidades BNCC: EF01 MA06 e EF01MA08, EF02MA05,EF02MA06, EF02MA07, EF02MA08, EF02MA07, EF02MA08, EF03MA05, EF-03MA06, EF04MA03, EF04MA04, EF05MA07, EF06MA03.

P7.2.1 - Usando o COMPMAT, determine o resultado da adição entre 2 (dois) números quaisquer. Peça a um aluno que entre com os números, selecione a operação de adição e ponha o COMPMAT para resolver.

P7.2.2 – Usando o COMPMAT, determine o resultado da subtração entre 2 (dois) números quaisquer, conforme foi feito na adição.

P7.2.3 – Oriente o COMPMAT a resolver um problema que adiciona a idade de um(a) aluno(a) com a idade do seu pai. Execute o algoritmo para um mínimo de 3 alunos.

P7.2.4 - Escreva um algoritmo que resolva o problema de calcular a idade de uma pessoa a partir da informação dos anos de nascimento e do ano atual.

P7.2.5 - Escreva um algoritmo que resolva o problema de determinar o total de alunos do **FUNDAMENTAL I** com a informação das quantidades de alunos nas turmas de 1°., 2°., 3°., 4°. e 5°. anos.

P7.2.6 - Uma empresa controla o estoque de um determinado material usando a seguinte fórmula: **SDOATU = SDOANT + ENTRADAS – SAÍDAS**, onde SDOATU é o saldo em estoque atual; SDOANT é o estoque no fim do mês anterior; ENTRADAS é a quantidade que foi comprada no mês e SAÍDAS é a quantidade vendida ou utilizada desse produto.. Escreva um algoritmo que calcula o estoque atual de um produto com base nessas informações.

P7.2.7 - Escreva um algoritmo que calcula a renda familiar de sua família. Observando que renda familiar é a soma dos salários de todos os membros de uma família.

P7.2.8 - Resolva o problema de calcular o somatório de N números quaisquer.

P7.2.9 - Resolva o problema de determinar a soma das idades dos alunos da turma.

7.3 - Problemas de Multiplicação / Divisão

Voltados para trabalhar preferencialmente as Competências/Habilidades BNCC: EF02MA07, EF02MA08, EF03MA07, EF03MA08, EF03MA09, EF04MA05, EF04MA06, EF04MA07, EF04MA09, EF05MA08,EF05MA20, EF06MA03.

P7.3.1 – João quer saber quantas horas ele estudou em um determinado dia. Escreva um algoritmo para o COMPMAT calcular quantas horas ele estudou a partir da hora em que ele começou a estudar e a hora em que terminou os estudos.

P7.3.2 - O troco no comércio é o valor que o comerciante devolve ao cliente quando recebe um valor maior do que o total das compras. Especifique a solução para determinar o troco de uma compra sabendo o valor das compras e o valor entregue pelo cliente.

P7.3.3 - Escreva um algoritmo que Resolva o problema de determinar o resultado da multiplicação entre 2 (dois) números quaisquer.

P7.3.4 - Escreva um algoritmo que Resolva o problema o dobro de um número qualquer escolhido pelos alunos.

P7.3.5 - Faça o mesmo para o triplo.

P7.3.6 - Determine o resultado da divisão inteira entre 2 (dois) números quaisquer.

P7.3.7 - Resolva o problema de determinar a metade de um número informado pelos alunos.

P7.3.8 - Proponha um algoritmo para calcular a média aritmética entre dois números informados pelos alunos.

P7.3.9 - Resolva o problema de determinar a média aritmética entre 2 (dois) números quaisquer.

P7.3.10 – Resolva o problema de determinar a média aritmética de três números informados pelos alunos.

P7.3.11 - Resolva o problema de determinar a média aritmética entre 3 (três) números quaisquer.

P7.3.12 – Escreva um algoritmo que calcula a renda percapita de sua família. Observe que renda percapita é o resultado da soma da renda de todos os membros da família dividida pelo total de pessoas da família.

P7.3.13 - Resolva o problema de calcular o produtório de N números quaisquer.

P7.3.14 - Resolva o problema de determinar a média das idades da sua turma.

7.4 - Problemas Sobre Temperatura

Voltados para as seguintes Competências / Habilidades na BNCC: EF04MA03, EF04MA04, EF04MA05, EF04MA06, EF04MA07, EF04MA09, EF04MA22, EF04MA23, EF05MA07, EF05MA08,EF05MA17.

P7.4.1 - Existem 3 escalas de temperaturas: Kelvin (K), Celsius (C) e Fahrenheit (F). No Brasil, usamos a escala Celsius e nos Estados Unidos, a Fahrenheit. Escreva um algoritmo que converte uma temperatura em Fahrenheit para Celsius.

P7.4.2 - Escreva um algoritmo que converte uma temperatura em Kelvin para Celsius.

P7.4.3 -Escreva um algoritmo que calcula a temperatura média de uma semana na sua cidade.

P7.4.4 - Escreva um algoritmo que calcule a temperatura média de um a ano a partir do fornecimento das temperaturas médias mensais naquele ano.

P7.4.5 - Em tempos de pandemia como a COVID19, faz-se necessário avaliar a temperatura corporal para determinar se o indivíduo está contaminado ou não. Escreva um algoritmo que informa se uma pessoa está com temperatura normal, em estado febril ou com febre alta. Para efeito de avaliação, considere temperatura normal até 37,5 graus, estado febril maior que 37,5 e menor que 39 graus e febre alta se a temperatura for superior a 39 graus.

P7.4.6 - Escreva um algoritmo que determina, com base na temperatura média anual em 3 cidades estudadas, qual delas é a mais fria e qual a mais quente entre elas.

P7.4.7 - Ao final do dia o hospital municipal da sua cidade calcula a temperatura média de cada paciente com base na temperatura medida ela manhã, à tarde e à noite. Essa medida serve para avaliar a evolução do paciente. Escreva um algoritmo que resolve esse problema.

P7.4.8 - A temperatura média em uma sala de aula é o resultado da diferença entre a temperatura (frieza) gerada pelo aparelho de ar condicionado e o calor gerado pelas luminárias na sala e o calor corpóreo de cada aluno. Suponha que cada lâmpada na sala contribui para elevar a temperatura em 1°.C e cada aluno eleva a temperatura em 2°.C. Escreva um algoritmo para resolver este problema e determinar a temperatura final de uma sala de aula.

7.5 - Problemas Sobre Geometria Plana

Voltados para trabalhar preferencialmente as Competências/Habilidades BNCC: EF05MA08, EF05MA20, EF07MA31, EF-07MA32, EF07MA33, EF08MA19, EF09MA05.

P7.5.1 - Escreva um algoritmo para calcular a área de um quadrado qualquer de lado **L**.

P7.5.2 - João é corretor de imóveis especializado em vender terrenos mas tem um problema sério com cálculos matemáticos. Todas as vezes em que ele visita um terreno precisa calcular a área do mesmo. Normalmente esses terrenos são retângulos. Escreva um algoritmo para resolver o problema de calcular a área dos terrenos e determinar um preço de venda em função do preço do metro quadrado dos terrenos no bairro, conforme uma tabela que o CRECI fornece a todos os corretores.

P7.5.3 - A empresa ABC fabrica lonas no formato de círculos para servirem de tendas circulares para uso em eventos. Acontece que nem todos os funcionários da produção sabem calcular a quantidade de couro a ser usado no processo. Escreva um algoritmo para calcular a área de figuras circulares a partir da informação do seu raio R.

P7.5.4 - Escreva um algoritmo para calcular a área de um losango.

P7.5.5 - Escreva um algoritmo para calcular a área de um paralelogramo.

P7.5.6 - Escreva um algoritmo para calcular a área de um trapézio.

P7.5.7 - Escreva um algoritmo para calcular a área de um triângulo isósceles, sabendo-se apenas o valor do lado, que deverá ser informado pelo teclado.

P7.5.8 - Escreva um algoritmo que calcula a área de um triângulo retângulo a partir da informação do sua base e altura.

P7.5.9 - Escreva um algoritmo para calcular a área de um triângulo a partir da informação dos seus lados. Use a fórmula de Herão.

P7.5.10 - Escreva um algoritmo para calcular a área de um triângulo sendo fornecidos dois lados e o ângulo formado por eles.

P7.5.11 - Com a pandemia da COVID19, os promotores de eventos precisam obedecer a determinadas regras para eventos públicos. Na prefeitura de João Pessoa foi determinado que são necessários 2 metros quadrados de área para cada pessoa que vá participar desse tipo de evento. Um promotor de shows que um algoritmo no qual ele informe a quantidade de pessoas pretendidas no evento e seja apresentada a área mínima necessária para a liberação da realização do seu evento.

P7.5.12 - Escreva um algoritmo que calcula o perímetro de um quadrado a partir do fornecimento da sua área.

7.6 - Problemas Sobre Medidas de Comprimento

Voltados para trabalhar preferencialmente as Competências/Habilidades BNCC: EF01 MA06, EF01MA08, EF01MA15, EF02MA05,EF02MA06, EF02MA07, EF02MA08, EF02MA16, EF-

03MA05, EF03MA06, EF03MA07, EF03MA08, EF03MA19, EF04MA03, EF04MA04, EF04MA05, EF04MA06, EF04MA07, EF04MA09, EF04MA20, EF05MA07, EF05MA08,EF05MA19, EF06MA24.

P7.6.1 - Escreva um algoritmo que determina quem é a mais alta entre duas pessoas.

P7.6.2 - Escreva um algoritmo que diz quem é a mais baixa entre 3 pessoas.

P7.6.3 – A BR 101 liga João Pessoa a Recife. Sabendo que João Pessoa está no KM 10 e Recife no KM 135, faça um algoritmo para o COMPMAT calcular a distância entre as duas cidades.

P7.6.4 – Generalize a solução anterior para calcular as distâncias entre duas cidades quaisquer ao longo da BR 101.

P7.6.5 - A velocidade média de um carro é dada pela razão entre a distância percorrida (em KM) e o tempo de deslocamento (em Horas). Escreva um algoritmo que calcula a velocidade média de um carro a partir da distância percorrida e o tempo do deslocamento.

P7.6.6 - Escreva um algoritmo para converter uma medida em léguas para metros.

P7.6.7 - Escreva um algoritmo para converter uma medida em milhas náuticas para metros.

P7.6.8 - Escreva um algoritmo que calcula a quantidade de centímetros existentes em uma medida feita em metros.

P7.6.9 - Escreva um algoritmo para determinar a diferença de altura entre duas pessoas.

P7.6.10 - Escreva um algoritmo que calcula a quantidade de tijolos em uma parede, levando em conta que cada metro quadrado de parede consome 25 tijolos em média.

7.7 - Problemas Envolvendo Medidas de Massa

Voltados para trabalhar preferencialmente as Competências/Habilidades BNCC: EF02MA17, EF03MA05, EF03MA06, EF-03MA07, EF03MA08, EF03MA20, EF05MA19

P7.7.1 - Escreva um algoritmo que determina quem é a mais gorda entre duas pessoas.

P7.7.2 - Escreva um algoritmo que diz quem é a mais magra entre duas pessoas.

P7.7.3 - Escreva um algoritmo que diz a média de massa corpórea entre 3 pessoas.

P7.7.4 – João está fazendo regime há 30 dias. No início do seu regime ele anotou a sua massa corpórea quando subiu na balança. Agora ele vai fazer a medição na balança novamente. Escreva uma algoritmo para calcular o que ele conseguiu emagrecer.

P7.7.5 - O IMC determina um índice que uma pessoa deve ter, devendo ser calculado pela razão entre o peso expresso em quilogramas e o quadrado da altura em metros. Escreva um algoritmo que calcula o IMC de uma pessoa a partir do fornecimento da sua massa corporal (vulgarmente chamada de peso) em Kg e da sua altura (em metros).

P7.7.6 - Uma arroba é uma antiga medida de massa que corresponde a 14,7 Kg. Escreva um algoritmo que converte uma medida em arrobas para quilogramas.

P7.7.7 - O dono do VERDFRUT fez um pedido a um agricultor uma certa quantidade de quilos de tomate para repor seu estoque e atender a demanda da semana. Como o agricultor é inexperiente, ele não tem certeza da quantidade de tomates que deve colher porque a massa média de um tomate varia de uma variedade para outra. Escreva um algoritmo para ajudar o agricultor para saber quantos tomates devem ser colhidos para atender o pedido do VERDFRUT, tendo em conta a massa média em Kg de um tomate e a quantidade Kg pedidos pelo cliente.

P7.7.8 - César está organizando um churrasco no seu aniversário. Ele soube que existe uma regra de 500g de carne para cada convidado. Escreva um algoritmo que calcula a quantidade de quilogramas de picanha que ele deve comprar para uma certa quantidade de pessoas na sua festa e quanto ele vai gastar.

P7.7.9 - Uma transportadora precisa saber quantas caixas de um determinada massa cabem em um caminhão com com uma certa capacidade de carga. Escreva um algoritmo para resolver este problema desta empresa.

P7.7.10 - Um elevador pode transportar de uma vez até 350 Kg e/ou 5 pessoas. Para liberar a saída do elevador faz-se necessário computar a soma da massas corpóreas de todos os passageiros para ver se há excesso de carga. Escreva um algoritmo para resolver este problema.

7.8 - Problemas de Volume / Capacidade

Voltados para trabalhar preferencialmente as Competências/Habilidades BNCC: EF02MA17**,** EF03MA20, EF05MA19

P7.8.1 – Um construtor precisa saber quantos metros cúbicos de concreto usinado ele deve pedir à empresa especializada para fazer uma laje no seu prédio em formato de um cubo. Escreva um algoritmo que calcule a quantidade de concreto em função do volume da base da laje do prédio.

P7.8.2 - Uma piscina de formato retangular tem a sua capacidade calculada pelo produto entre a sua área da base e a sua altura ou profundidade. Sabendo-se o valor que a companhia de água cobra por um metro cúbico de abastecimento de água, escreva um algoritmo que calcula o valor para encher uma piscina nessas condições.

P7.8.3 - Uma caixa de água em formato de cilindro tem a sua capacidade calculada com base no seu raio e sua altura. Escreva um algoritmo que que calcula a capacidade de uma caixa cilíndrica. Você saberia calcular o volume de um cubo ? Como seria o algoritmo do volume de um cubo?

7.9 - Problemas de Porcentagem

Voltados para trabalhar preferencialmente as Competências/Habilidades BNCC: EF05MA06, EF06MA12, EF07MA04

P7.7.1 - Cientistas afirmam que a imunidade de rebanho de uma população pode ser alcançada com um mínimo de 70% dessa população vacinada contra a COVID-17. Levando em conta a população da sua cidade, escreva um algoritmo que calcula a quantidade de pessoas que devem ser vacinadas para atingir a imunidade de rebanho.

P7.7.2 - A audiência de TVs de três programas que são exibidos em paralelo é pesquisada em termos da quantidade de domicílios que estão assistindo cada programa. Escreva um algoritmo que calcula o percentual de audiência de cada umas dessas TVs.

P7.7.3 - Escreva um algoritmo que calcula o valor do novo salário mínimo com base no percentual de reajuste e o valor atual do salário mínimo.

P7.7.4 - Escreva um algoritmo que calcula o valor final de uma mercadoria em função do valor de tabela e do desconto a ser concedido.

P7.7.5 - Em uma eleição com 3 candidatos a prefeito, ganha quem conseguir 50% mais um voto do total de votos obtidos pelos 3 candidatos. Escreva um algoritmo que diz se um dos 3 candidatos ganhou a eleição no primeiro turno ou não.

P7.7.6 - Uma cidade quer saber qual peso percentual entre crianças, jovens, adultos e idosos. Para isso ela está fazendo um levantamento para contar quantas pessoas moram na cidade em cada uma categoria de idade. Escreva um algoritmo que calcula o percentual de cada categoria com base nos números levantados.

7.10 - Problemas Sobre o Sistema Monetário Nacional

Voltados para trabalhar preferencialmente as Competências/Habilidades BNCC:EF03MA05, EF03MA06, EF03MA07, EF-03MA08, EF03MA24

P7.10.1 - Escreva um algoritmo para calcular o valor do condomínio de um prédio a partir da informação do valor total das despesas mensais do prédio e da quantidade apartamentos no condomínio.

P7.10.2 - A Constituição Federal do Brasil determina que 25% da receita das prefeituras seja utilizada para investir na educação. Pesquise a receita mensal da prefeitura do seu município e escreva um algoritmo que calcula qual deve ser a verba que deve ser destinada para área de educação em sua cidade.

P7.10.3 - O proprietário de uma banca de verduras na feira de sua cidade é especialista em vender tomates e cebolas. Ele quer desenvolver um algoritmo para calcular o lucro total da sua banca e o lucro com cada produto em um dia de vendas. Para isso, ele controla o a quantidade e o preço de compra de cada um desses produtos de manhã cedo. Na medida em que ele vende os tomates e as cebolas, ele vai anotando as quantidades vendidas. Ele sempre vende os seus produtos com um preço fixo ao longo do dia.

P7.10.4 - Um empreiteiro que desenvolver um algoritmo para fechar a sua folha de pagamento de pedreiros e ajudantes em sua obra. Ele controla o valor da diária a ser pago a cada profissional por categoria, o número de dias que os trabalhadores trabalharam no mês atual e a quantidade de profissionais em cada categoria. Com base nessas informações ele quer saber:

a. o valor a ser pago individualmente a cada ajudante;
b. o valor a ser pago individualmente a cada pedreiro;
c. o valor total com todos os ajudantes;
d. o valor total com todos os pedreiros;
e. o valor total da sua folha neste mês.

P7.10.5 - O salário líquido de um profissional é calculado com base no seu salário bruto, abatendo-se os descontos sobre o seu salário. Escreva um algoritmo que calcula o salário líquido de um funcionário.

P7.10.6 - O troco de um cliente é calculado como a diferença entre o valor entregue pelo cliente e o total das suas compras. Escreva um algoritmo que calcula o troco de um cliente.

P7.10.7 - Uma empresa de transporte por aplicativo paga um determinado valor por quilômetro rodado pelo motorista. Escreva um algoritmo que calcula o valor a ser recebido pelo motorista de aplicativo.

P7.10.8 - Uma empresa de ônibus faz o balanço de cada veículo no fim do expediente quando ele volta para a garagem. O Cobrador/Motorista informa a quantidade de passageiros que andou no veículo, o valor da passagem na sua linha e o valor total que ele recebeu. Escreva um algoritmo faça o fechamento do caixa do ônibus, informando se o caixa está correto ou se faltou dinheiro no caixa ou sobrou dinheiro no caixa.

P7.10.9 - O custo ao consumidor de um carro novo é a soma do custo de fábrica com a percentagem do distribuidor e dos impostos (aplicados ao custo de fábrica). Supondo que a percentagem do distribuidor seja de 24% e os impostos de 46%, desenvolva um algoritmo que leia o custo de fábrica de um carro e escreva o custo final ao consumidor.

7.11 - Problemas com Números Pares, Ímpares, Primos, Múltiplos e Divisores

Voltados para trabalhar preferencialmente as Competências/Habilidades BNCC: EF04MA05, EF04MA06, EF04MA07, EF04MA09

P7.11.1 – Escreva um algoritmo que determina se um número informado é par.

P7.11.2 – Escreva um algoritmo que determina se um número lido pelo teclado é ímpar.

P7.11.3 – Escreva um algoritmo para listar os divisores de um número lido pelo teclado.

P7.11.4 – Desenvolva um algoritmo para listar os 10 primeiros múltiplos de um número lido pelo teclado.

P7.11.5 – O maior divisor comum entre dois números (MDC) é muito usado em vários problemas matemáticos. O matemático grego Euclides desenvolveu um algoritmo para determinar o MDC entre dois números (vide capítulo 6). Escolha dois números quaisquer entre 01 e 100 (em anexo neste apêndice) e determine o MDC entre eles através do algoritmo de Euclides. Para maiores informações, consulte o capítulo 6 de Paiva (2021).

P7.11.6 – Escreva um algoritmo que determina se um número informado pelo teclado é primo ou não.

7.12 - Problemas Sobre Armazenamento Digital

Voltados para trabalhar preferencialmente as Competências/Habilidades BNCC: EF09MA18

P7.12.1 - Um administrador quer um HD *(Hard Disk)* para fazer cópias de segurança dos dados da sua empresa. A sua exigência é que o HD a ser adquirido tenha sua capacidade de armazenamento em TERABYTES (TB). O HD que ele quer preservar em uma cópia de segurança tem sua capacidade em GIGABYTES (GB). Escreva um algoritmo que calcula quantas vezes vai ser possível fazer cópias distintas do HD a ser preservado, levando em conta o tamanho do HD original em GB e o tamanho do HD de reserva em TB.

P7.12.2 - Um arquivo de funcionários de uma empresa é composto por três dados (campos) com as seguintes características:

NOME	- 40 BYTES (Cadeia);
SALÁRIO	- 8 BYTES (Real);
CARGO	- 16 BYTES (cadeia).

Essa empresa quer construir um algoritmo que calcula a necessidade de armazenamento em MEGABYTES (MB) para guardar os dados de um certo número de funcionários a ser informado pelo teclado.

Um disco rígido (HD) sai de fábrica com algumas características bem definidas. Uma dessas características importantes é o chamado BLOCO FÍSICO a ser usado em operações de leitura/gravação, configurando a quantidade de BYTES a serem lidos ou gravados em cada operação de entrada/saída naquele disco. Isso dá margem a um elemento importante que é o fator de bloco, que é a relação entre o tamanho do bloco físico e o tamanho do registro lógico usado em um determinado arquivo. Se esse fator de bloco não for um número inteiro, o programador terá que repensar o tamanho do seu registro lógico para não perder eficiência nas operações de leitura/gravação do seu arquivo. Escreva um algoritmo que diz se o fator de bloco do seu arquivo está correto ou não para o seu HD.

7.13 - Problemas Envolvendo Tempo e Datas

Voltados para trabalhar preferencialmente as Competências/Habilidades BNCC: EF03MA05, EF03MA06, EF03MA07, EF03MA08, EF03MA22, EF03MA23

P7.13.1 – Escreva um algoritmo que calcule o número de dias entre duas datas no mesmo ano.

P7.13.2 – Escreva um algoritmo que calcula a idade de uma pessoa a partir da sua data de nascimento e a data de hoje.

P7.13.3 – Escreva um algoritmo que calcula a quantidade de segundos entre duas horas distintas do mesmo dia, sendo informados para cada uma a hora os minutos e os segundos.

P7.13.4 – Escreva um algoritmo que calcule quantos minutos faltam para uma determinada hora a partir da hora atual.

P7.13.5- Elabore um algoritmo que leia do teclado uma quant idade de segundos e transforme este tempo em dias, horas e minu tos

P7.13.6 - Construa um algoritmo que a partir de uma data informada pelo usuário, determine o dia seguinte a esta data (Dia, mês e ano).

P7.13.7 - Escreva um algoritmo que diz o século ao qual pertence uma data informada pelo teclado (devendo ser informados Dia, Mês e Ano).

P7.13.8 – A biblioteca central cobra R$ 2,00 por dia de atraso na devolução de livros. Escreva um algoritmo que leia a data de vencimento e a data de entrega de um livro e calcula a multa a ser paga pelo usuário (datas serão informadas como Dia e Mês).

P7.13.9 – Você está na organização de uma corrida de 100 metros rasos e tem como incumbência a elaboração de um algoritmo que vai ler o tempo de chegada dos três primeiros atletas, devendo determinar em função do tempo quem vai receber as medalhas de ouro, prata e bronze. Escreva o algoritmo solução para esse problema.

7.14 - Problemas de Probabilidade e Estatística

Voltados para trabalhar preferencialmente as Competências/Habilidades BNCC: BNCC EF07MA34, EF07MA35, EF08MA25, EF09MA22, EF09MA23.

P7.14.1 – Escreva um algoritmo que calcula a probabilidade de um evento ocorrer em função do fornecimento pelo teclado do número de casos favoráveis e do total dos casos possíveis para este evento.

P7.14.2 – Em uma escola tem-se um certo número de professores e de alunos que participarão de uma festa e que serão contabilizados antes do sorteio. Na realização de um sorteio para um prêmio pretende-se anunciar qual será a probabilidade de o ganhador ser um docente e qual será a de ser um aluno. Escreva um algoritmo para fazer esses cálculos.

P7.14.3 – São informados três números na ordem crescente. Determine a mediana desses números.

P7.14.4 – Determine a média dos mesmos números usados no problema anterior.

P7.14.5 – Uma turma de 5 alunos informa as suas alturas em ordem numérica, isto é, da menor para a maior altura, qual será a altura que corresponderá à mediana do grupo? Escreva um algoritmo para resolver esta questão.

P7.14.6 – E se fossem quatro alunos? O que muda no algoritmo?

P7.14.7 – A CAIXA informa que as 60 dezenas da MEGASENA permitem um total de 50.063.860 de combinações possíveis. Escreva um algoritmo que calcula a probabilidade de uma aposta única ganhar na MEGASENA.

P7.14.8 – Generalize a solução do problema anterior para calcular a probabilidade de N apostas ganharem na MEGASENA.

P7.14.9 – As idades de um grupo de 5 alunos serão informadas na ordem crescente das idades. Escreva um algoritmo que calcula a MEDIANA desse conjunto de idades.

P7.14.10 – A MASSA (KG) de um grupo de 4 alunos serão informadas na ordem crescente. Escreva um algoritmo que calcula a MEDIANA desse conjunto de massas, popularmente chamadas de PESO.

7.15 - Problemas de Potenciação e Radiciação

Voltados para trabalhar preferencialmente as Competências/Habilidades BNCC: EF06MA03, EF08MA02, EF09MA03.

P7.15.1 – Escreva um algoritmo que calcula a raiz de um número N lido pelo teclado.

P7.15.2 - Escreva um algoritmo para calcular a área de um triângulo, sendo conhecidos o seus três lados, devendo usar a fórmula:

Lados: A, B e C

$$P = \frac{(A+B+C)}{2}$$

$$\text{ÁREA} = \sqrt{P \times (P-A) \times (P-B) \times (P-C)} - (\text{Fórmula de Herão})$$

P7.15.3 – Escreva um algoritmo que calcula a potência de um número elevado a um determinado expoente. Ambos os números sendo informados pelo teclado.

P7.15.4 – Escreva um algoritmo que calcula as potências de 10 com os expoentes variando de 0 a 10.

7.16 – Problemas de Sequências Numéricas

Voltados para trabalhar preferencialmente as Competências/Habilidades BNCC: EF08MA10.

P7.16.1 - Escreva um algoritmo para gerar como saída os 10 primeiros números pares.

P7.16.2 - Escreva um algoritmo para gerar os 10 primeiros números ímpares.

P7.16.3 - Escreva um algoritmo para calcular a soma da sequência dos números inteiros no intervalo de 1 a 10.

P7.16.4 - Escreva um algoritmo que produz a seguinte sequência até o 7°. Termo:
1, 1/5, 1/25, 1/125, ...

P7.16.5 - Escreva um algoritmo para gerar a seguinte sequência até o décimo termo:
1, -3, 9, -27, 81, ...

P7.16.6 – Escreva um algoritmo para gerar e calcular a soma dos 11 primeiros termos da sequência:

1, -1/ 2, 1/4, -1/6, 1/8, -1/10, 148

CD129 – Produza um algoritmo para calcular a soma dos quadrados dos 10 primeiros números ímpares.

CD130 – Escreva um algoritmo para gerar a seguinte sequência de números até o 5° termo: 1, 1/3, 1/9, 1/27, ...

8

ANEXO II

8.1 - Uma Metodologia para Resolver Problemas Algorítmicos

A maioria das pessoas resolve problemas através do "método" da tentativa e erro, mas quando se quer **programar computadores** essa não é a técnica mais apropriada, sentindo-se a necessidade de fazer uso de uma **metodologia**.

Segundo Paiva (2015), uma **metodologia** é um conjunto de técnicas, métodos e ferramentas utilizadas de forma racional e sequenciada. Vamos apresentar uma metodologia para resolver problemas algorítmicos, com base no Canvas de Bittencourt (2018), apresentado na Figura 10.1, que reproduzimos a seguir:

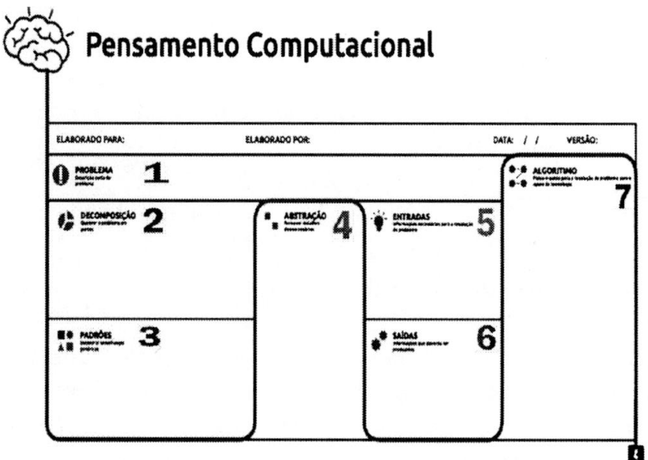

Fonte: adaptado a partir de Bittencourt(2018)

8.1.1 Apresentação da Metodologia

A metodologia está estruturada em 8 passos, conforme a numeração do Canvas acima:

1. **Entender o problema**. Não se pode querer resolver um problema que não foi inteiramente compreendido. Leia a especificação do problema, sublinhando o que for importante. Faça anotações, desenhos, construa uma tabela associando entradas e suas respectivas saídas, se julgar necessário. Escreva uma descrição do problema no quadro de número <1>;

2. **Decomponha** o problema original em problemas menores, que você acredita ter condição de poder resolver. Associe uma frase com um verbo "solucionador" para cada subproblema de tal forma que expresse uma etapa da solução do problema original, usando frases do português para expressar essa solução. Podem ser exemplos dessa etapa:
    2.1. **ler** dados de entrada;
    2.2. **calcular** resultado final;
    2.3. **exibir** resultados.

    Preencha o quadro <2> com as etapas da decomposição.

3. Identifique generalizações que representem padrões para este tipo de problema

4. Procure focar nas características essenciais do problema, desprezando tudo o que não tiver relevância para a solução do mesmo, construindo uma **abstração** do problema original;

5. Identifique e documente as possíveis entradas que servirão de alimentação para a resolução do problema. Descreva-as no quadro <5>, possivelmente associando um nome e um tipo de dado para cada uma. Na implementação futura em termos de uma linguagem de programação os dados de entrada

serão variáveis dentro desse programa;

6. Identifique e documente as saídas que serão produzidas a partir da(s) entrada(s) descritas no passo <5>. Descreva-as no quadro <6>, possivelmente associando um nome e um tipo de dado para cada uma. Na implementação futura em termos de uma linguagem de programação as saídas também podem ser variáveis dentro desse programa;

7. A partir das etapas da decomposição elaboradas no passo <2>, detalhe os passos do algoritmo que vai resolver o problema;

8. Sentindo que o algoritmo está detalhado adequadamente, **simule a execução do algoritmo**, utilizando os dados de entrada, calculando a(s) saída(s) que deve(m) ser produzida(s) de tal forma a verificar se elas estão de acordo com os resultados esperados. Execute o algoritmo algumas vezes para garantir que ele está correto.

8.1.2 Aplicação da Metodologia

Vamos ilustrar a utilização da nossa metodologia na resolução de problemas.

Problema A: Calcular a adição de 3 números informados pelo teclado.

Solução:

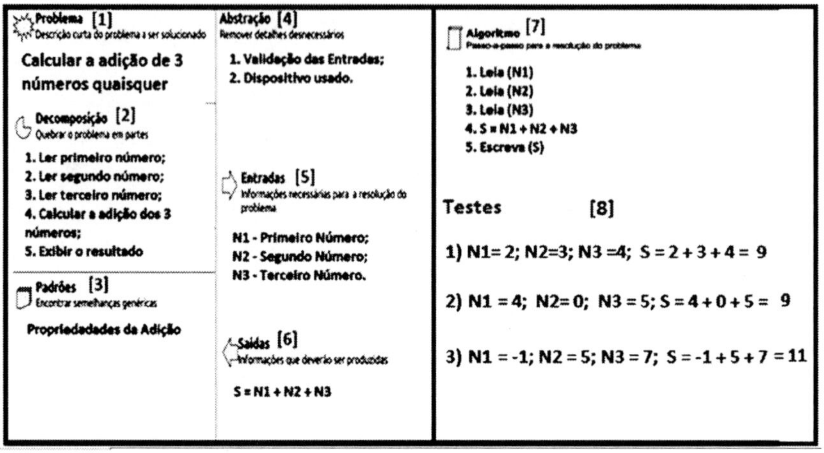

Problema [1]
Descrição curta do problema a ser solucionado
Calcular a adição de 3 números quaisquer

Decomposição [2]
Quebrar o problema em partes
1. Ler primeiro número;
2. Ler segundo número;
3. Ler terceiro número;
4. Calcular a adição dos 3 números;
5. Exibir o resultado

Padrões [3]
Encontrar semelhanças genéricas
Propriedadades da Adição

Abstração [4]
Remover detalhes desnecessários
1. Validação das Entradas;
2. Dispositivo usado.

Entradas [5]
Informações necessárias para a resolução do problema
N1 - Primeiro Número;
N2 - Segundo Número;
N3 - Terceiro Número.

Saídas [6]
Informações que deverão ser produzidas
S = N1 + N2 + N3

Algoritmo [7]
Passo-a-passo para a resolução do problema
1. Leia (N1)
2. Leia (N2)
3. Leia (N3)
4. S = N1 + N2 + N3
5. Escreva (S)

Testes [8]

1) N1= 2; N2=3; N3 =4; S = 2 + 3 + 4 = 9

2) N1 = 4; N2= 0; N3 = 5; S = 4 + 0 + 5 = 9

3) N1 = -1; N2 = 5; N3 = 7; S = -1 + 5 + 7 = 11

Problema B: A partir de um valor do raio dado, calcular a área do círculo.

Fórmula: A = π x R^{2}, considerando π ¶ igual a 3,14, temos A = 3,14 x R^{2}

Solução:

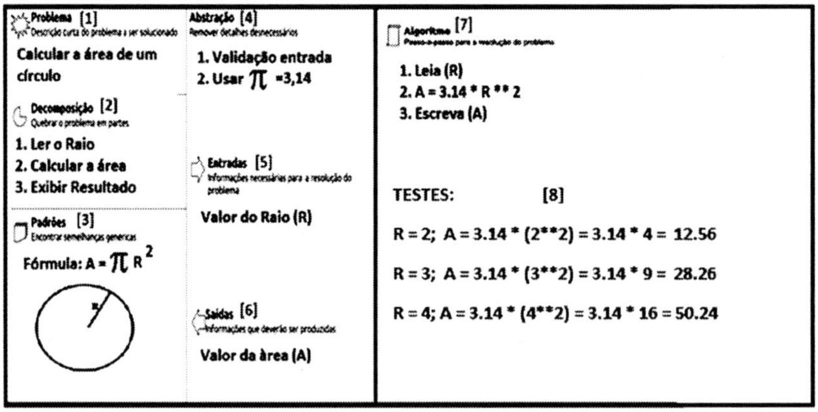

Problema [1]
Descrição curta do problema a ser solucionado
Calcular a área de um círculo

Decomposição [2]
Quebrar o problema em partes
1. Ler o Raio
2. Calcular a área
3. Exibir Resultado

Padrões [3]
Encontrar semelhanças genéricas
Fórmula: A = π R²

Abstração [4]
Remover detalhes desnecessários
1. Validação entrada
2. Usar π =3,14

Entradas [5]
Informações necessárias para a resolução do problema
Valor do Raio (R)

Saídas [6]
Informações que deverão ser produzidas
Valor da àrea (A)

Algoritmo [7]
Passo-a-passo para a resolução do problema
1. Leia (R)
2. A = 3.14 * R ** 2
3. Escreva (A)

TESTES: [8]

R = 2; A = 3.14 * (2**2) = 3.14 * 4 = 12.56

R = 3; A = 3.14 * (3**2) = 3.14 * 9 = 28.26

R = 4; A = 3.14 * (4**2) = 3.14 * 16 = 50.24

8. 2 – Tabuleiro Pocket ROBOMAT

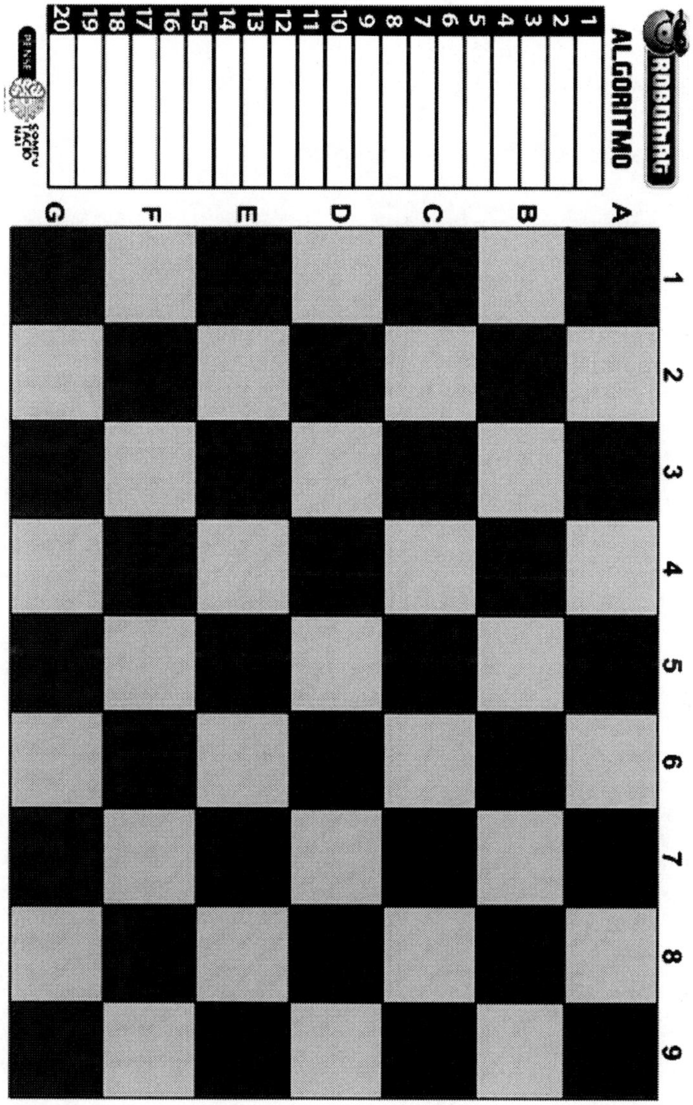

Dados Internacionais de Catalogação na Publicação (Cip)

Uma Proposta para Implantação do Pensamento Computacional Desplugado no Ensino Fundamental [Livro eletrônico]

Paiva,Severino. -- 1. ed. – João Pessoa, 2021.

Índices para catálogo sistemático:

1. Pensamento Computacional: Formação de Professores: Educação 370.71

PlayList Completa de Pensamento Computacional no Canal do Professor Paiva:

9

REFERÊNCIAS BIBLIOGRÁFICAS

BEZERRA, Fábio. Bem mais que os bits da computação desplugada. In: Anais do Workshop de Informática na Escola. 2014.

BRASIL. INEP. Pisa 2018 revela baixo desempenho escolar em leitura, matemática e ciências no Brasil. Disponível em: **http://portal.inep.gov.br/artigo/-/asset_publisher/B4AQV9zFY7Bv/content/pisa-2018-revela-baixo-desempenho-escolar-em--leitura-matematica-e-ciencias-no-brasil/21206.** Acesso em: 14 abr. 2021.

BRASIL. Ministério da Educação. Base Nacional Comum Curricular. Brasília, 2018.

BRASIL. Ministério da Educação. Lei de Diretrizes e Base da Educação Nacional. Brasília, 1996.

Google. Searching for Computer Science: Access and Barriers in U.S. K-12 Education. 2015. Disponível em: **https://services.google.com/fh/files/misc/searching-for-computer-science_report.pdf.** Acesso em: 15 mai. 2021.

Paiva, Severino. Introdução à Programação – do Algoritmo às Linguagens Atuais. Editora Ciência Moderna. 2ª. Ed. 2015.

Paiva, Severino. Introdução à Programação e ao Pensamento Computacional utilizando Python e Portugol Stúdio. Editora Ciência Moderna. 2021.

Sociedade Brasileira de Computação – SBC. Diretrizes para o Ensino de Computação na Educação Básica. Disponível em: **https://www.sbc.org.br/documentos-da-sbc/summary/203-educacao-basica/1220-bncc-em-itinerario-informativo-computacao-2.** Acesso em: 01 abr. 2021.

The Economist. Driving the skills agenda: Preparing studentsfor the future, 2015. Disponível em: **https://static.googleusercontent.com/media/edu.google.com/en//pdfs/skills-of-the-future-report.pdf.** Acesso em: 17 jun. 2021.

WEISSHAHN, Yuri et al. Representação e Análise de Dados no Quinto Ano do Ensino Fundamental: Proposta de Atividade e Relato de Aplicação. In: Anais do Workshop de Informática na Escola. 2016.

VIEIRA, Anacilia; PASSOS, Odette; BARRETO, Raimundo. Um relato de experiência do uso da técnica computação desplugada. Anais do XXI WEI, 2013.

Wing, J. Computational thinking. **Communications of the acm,** v. 49, n. 3, 2006, p. 33-35. Disponível em: <dl.acm.org/citation.cfm?id=1118215>. Acesso em: 04 nov. 2020.

______. Research notebook: computational thinking – what and why? **The link.** Pittsburgh: Carnegie Mellon, 2011. Disponível em: <cs.cmu. edu/sites/default/files/11-399_The_Link_Newsletter-3.pdf>. Acesso em: 04 nov. 2020.

Impressão e acabamento
Gráfica da Editora Ciência Moderna Ltda.
Tel: (21) 2201-6662